Indice

Premessa

Espresso è un corso in 3 volumi concepito essenzialmente per un pubblico di adulti che intendono imparare l'italiano alla VHS, nelle scuole di lingue e in istituzioni analoghe. Sia per il contenuto che per la metodologia e la veste grafica ***Espresso*** può però essere utilizzato con successo anche nelle scuole superiori.

Espresso intende far raggiungere ai discenti gli obiettivi didattici previsti dal Certificato d'Italiano e presta particolare attenzione allo sviluppo delle quattro abilità linguistiche (ascoltare, parlare, leggere e scrivere) e all'apprendimento delle strutture morfosintattiche della lingua italiana.

Espresso 2 comprende:

- un manuale integrato da un eserciziario;
- un CD o un'audiocassetta, contenenti tutti i dialoghi e i testi auditivi;
- la presente Guida per l'insegnante, con suggerimenti didattici specifici per ogni singola attività.

Espresso 2 offre materiale didattico per due o tre semestri di lezione, tenendo conto di una frequenza di 90 minuti settimanali e 15 settimane al semestre. Grazie alla sua progressione può essere adottato anche in corsi intensivi.

Struttura del manuale

Espresso 2 si compone di 10 lezioni, organizzate secondo uno schema che risponde alle diverse fasi che scandiscono il processo di apprendimento di una lingua straniera, e si prefigge come scopo principale quello di immergere gli studenti nella lingua autentica dell'Italia di oggi. I temi trattati riguardano direttamente o indirettamente la vita quotidiana (parlare di sé, della propria infanzia, delle proprie abitudini, del lavoro, delle vacanze, della casa ecc.).

Nel manuale sono presenti delle pagine di ripetizione chiamate *Facciamo il punto*. Si tratta di 4 attività di ripasso: dopo la seconda, la quinta, la settima e la decima lezione. L'esercitazione, che qui ha sempre un aspetto ludico e si basa su lessico e strutture tutti noti, ha la funzione di far ripetere e verificare gli argomenti (sia lessicali che morfosintattici) svolti nelle unità precedenti.

Segue un'*Appendice* con materiale supplementare, composto da testi autentici che l'insegnante svolgerà o meno in base alla propria sensibilità ed esperienza.

Al manuale segue un *Eserciziario*, una serie di "veri e propri" esercizi, necessari per fissare lessico e strutture. Sono pensati per un lavoro individuale a casa e non ne è necessaria la correzione in classe visto che in appendice ne sono riportate le soluzioni.

Alla fine del manuale vi è poi una *Grammatica sistematica* che riprende in modo più esaustivo, e appunto sistematico, tutte le forme grammaticali via via apparse e suddivise per argomento.

Segue un *Vocabolario per lezioni*, con traduzione tedesca e a volte brevi indicazioni grammaticali, dove vengono evidenziati in neretto i vocaboli appartenenti al Certificato, con un asterisco i verbi irregolari e con un punto sotto la vocale la sillaba tonica delle parole non piane.

Conclude il manuale un *Vocabolario alfabetico* completo con riferimento alla lezione in cui i vocaboli sono apparsi per la prima volta: uno strumento utile per una rapida consultazione.

Struttura di una lezione

Ogni lezione ha un numero di pagine pressoché invariato (perlopiù 10). L'ordine di apparizione delle varie attività ha una sua logica che va seguita (svolgetele, pertanto, così come appaiono nel libro).
L'unità ha un andamento per così dire elicoidale: parte da un punto e si amplia, ma il cerchio seguente (la singola esercitazione) abbraccia in parte quello precedente e ne è insieme la prosecuzione.
Quasi ogni lezione si apre con delle immagini che servono a introdurre il tema dell'unità e il lessico specifico di una determinata area.
Sempre nella pagina d'apertura segue un breve esercizio per mettere in pratica – in modo comunicativo – i nuovi vocaboli.
Appare poi il primo dialogo che riprende il lessico imparato e ne introduce di nuovo, assieme alle strutture che si intendono insegnare.

All'interno di una lezione vengono esercitate tutte e quattro le abilità linguistiche, sia singolarmente che in modo integrato. Non esiste una successione identica per ogni capitolo, ma in ogni modo appaiono sempre sia dialoghi che letture, esercizi di parlato e di ascolto.
Da sottolineare che ad ogni attività nuova segue sempre un'esercitazione che ha lo scopo di consolidare strutture e lessico appresi in precedenza; in tal modo non manca mai l'alternanza di presentazione-presa di coscienza e di fissaggio-produzione.

Dialoghi

I dialoghi presenti in ***Espresso*** sono conversazioni faccia a faccia o telefoniche e interviste radiofoniche. Si è cercato di renderli il più autentici possibile, cioè vicini alla realtà quotidiana. Sono stati registrati da parlanti di madrelingua, con una velocità e un ritmo normali. Sono stati scelti dialoghi relativamente facili, anche se si è comunque ritenuto importante non snaturarli, lasciando ad esempio la presenza dei segnali discorsivi (*beh, mah, senta, ehm* ecc.) tipici della lingua parlata, con i quali gli studenti in ogni caso si confronterebbero una volta in Italia e che, pur se spesso intraducibili in una lingua straniera, servono a esprimere sensazioni di meraviglia, impazienza, accordo, disaccordo, attenzione ecc.

Nel manuale sono presenti due tipi di dialoghi: uno (più breve) con trascrizione del testo, uno (più complesso) senza trascrizione (a disposizione del solo insegnante nella presente *Guida*). La differenza consiste nel fatto che i due tipi di dialoghi hanno funzioni diverse. Mentre il primo, che come "canale" ha, oltre al CD o alla cassetta, la pagina scritta, si prefigge di presentare e insegnare lessico e strutture – e pertanto è stato trascritto e deve essere compreso completamente – il secondo, che come "canale" ha il CD / la cassetta, ha come scopo il vero e proprio ascolto. In quest'ultimo caso i discenti non hanno la possibilità di leggere il testo, così come nella realtà non "vedono" quanto gli viene detto. Compito dei partecipanti è, in questo caso, quello di capire le asserzioni principali. La verifica di tale comprensione viene effettuata attraverso lo svolgimento di domande e / o esercizi specifici. In ambedue i casi, comunque, visto che un atto comunicativo non si realizza nel vuoto, si tratta sempre di dialoghi contestualizzati.

Letture
Lo spunto per i brani di lettura è stato offerto da giornali italiani, da Internet o da testi letterari, in base al convincimento che è auspicabile, già nelle prime fasi dell'apprendimento, confrontare lo studente il più possibile con la lingua del brano autentico. Si tratta, dunque, di testi originali o leggermente adattati (con eccezione per le lettere private, create a tavolino) di vario genere: annunci, pubblicità, dépliant, articoli di giornale, e-mail ecc., di cui si richiede una comprensione globale o dettagliata oppure selettiva.

Produzione orale
Visto che lo scopo principale nell'apprendimento di una lingua straniera è la comunicazione, si è dato particolare peso alla produzione orale, sia guidata che libera. La varietà delle esercitazioni proposte (si va ad esempio dalle domande personali al racconto di proprie esperienze, dall'intervista a giochi divertenti ma istruttivi) dovrebbe stimolare lo studente ad acquisire una sempre maggiore scioltezza linguistica e accuratezza formale. Egli dovrebbe quindi essere in grado di esprimere il proprio parere, i propri sentimenti o gusti, di reagire a richieste o sollecitazioni e di prendere parte a conversazioni su argomenti relativi alla vita quotidiana.
Vengono proposti diversi spunti al dialogo sia all'inizio di ogni lezione che al termine, dove la discussione diventa quasi un riassunto complessivo dell'unità.

Produzione scritta
In ogni lezione appare un esercizio di produzione scritta (guidata o libera) che segue una progressione sempre più complessa: di volta in volta gli studenti dovranno scrivere una lettera o una cartolina, formulare frasi inerenti la loro persona, la vita quotidiana o esperienze vissute.
Si è cercato, insomma, di variare il più possibile la tipologia delle attività per motivare al massimo lo studente, che spesso trova particolarmente arduo questo tipo di lavoro.

Esercizi
Quelli presenti nel manuale – anche se con funzione squisitamente grammaticale – non hanno quasi mai il classico aspetto di "esercizi" e hanno lo scopo di verificare se le strutture acquisite sono state capite e apprese e di consolidarle. Si tratta di esercitazioni da

fare in classe, anche perché spesso richiedono un lavoro di coppia o di gruppo.

Funzione dei riquadri

I riquadri sono di diverso colore. Quelli chiari hanno la funzione di mettere in evidenza la coniugazione dei verbi o, comunque, di esporre nuove strutture grammaticali e favorire la presa di coscienza dei meccanismi che regolano l'uso linguistico. Quelli scuri mettono in risalto il lessico ritenuto importante.
Con tale accorgimento tipografico si è inteso facilitare l'induzione di una regola e l'uso di certi vocaboli.

Grammatica

La grammatica è stata introdotta in ***Espresso*** in modo induttivo. Si consiglia di non fornire una regola, ma di stimolarne la ricerca e l'esposizione sull'osservazione del materiale in cui essa è stata presentata. Gli studenti saranno perciò indotti a fare ipotesi e l'insegnante interverrà solo per chiarire una regola particolarmente ostica o che sia stata esposta dai discenti in modo errato.
La grammatica appare sia in tabelle esplicative poste a lato di una determinata lettura/dialogo (serve qui come "segnale grammaticale" a richiamare l'attenzione o su una coniugazione verbale o su un fenomeno grammaticale importante) sia al termine di ogni singola unità, dove un'esposizione riassuntiva – nella lingua madre dello studente – intende "far ricordare" le principali strutture svolte in quel capitolo.
Alcuni aspetti grammaticali, tipo l'uso dell'imperfetto, vengono svolti in diverse unità e ampliati a più riprese.

Funzione del simbolo

Tale simbolo rinvia alle attività dell'*Eserciziario*. Con tale soluzione grafica viene dunque facilitato il compito sia dell'insegnante, che a queste attività può ricorrere come "riempitivo", sia dello studente che in ogni momento sa quali esercizi può svolgere.

E inoltre ...

Al termine di ogni lezione vengono presentate una o due pagine dal titolo *E inoltre* ... Scopo di questa sezione è quello di fornire qualcosa in più concernente la lezione appena tenuta (segni zodiacali, itinerari turistici, curriculum vitae, canzoni ecc.).

La pagina finale di ogni unità, invece, è una pagina sintetica e sistematica delle espressioni utili alla comunicazione e della grammatica svolta in quel capitolo. È un pratico mezzo di consultazione e di sistematica revisione: lo studente ha così in mano gli strumenti per verificare, al termine di ogni singola lezione, se ha veramente assimilato e se ricorda tutto quanto ha appreso.

Eserciziario

Al termine del manuale vero e proprio si trova l'*Eserciziario* che nelle 10 lezioni rispecchia la progressione delle corrispondenti unità del libro. Funzione di queste pagine è quella di fissare e sistematizzare strutture e lessico imparati nel corso della rispettiva lezione e di permettere al discente di (auto)controllare i progressi fatti.

Gli esercizi

Mentre gli esercizi che appaiono nelle lezioni sono prevalentemente a carattere interattivo (nella maggioranza dei casi presuppongono, infatti, di essere svolti in coppia o in piccoli gruppi), questi sono degli esercizi "veri e propri", anche se si è cercato di renderli vari e divertenti.
La tipologia è composita: esercizi di completamento, di abbinamento, di riflessione grammaticale, di trasformazione, di applicazione delle funzioni comunicative, attività con domanda-risposta, parole incrociate, compilazione di tabelle ecc.
Tali esercizi sono pensati per un lavoro individuale a casa e non è necessaria la correzione in classe, visto che in appendice ne sono riportate le soluzioni.
Può succedere, comunque, che a volte si abbia bisogno di riempire un piccolo spazio di tempo, oppure che un argomento sia stato particolarmente ostico. In tal caso si faccia pure riferimento all'*Eserciziario* utilizzando qualche esercizio durante la lezione.

Consigli pratici per l'alunno

All'interno dell'*Eserciziario* sono dati anche alcuni brevi consigli per lo studente. Si tratta di suggerimenti per il lavoro a casa, affinché si possa apprendere in modo facile, divertente, sistematico ed efficiente.

Diario di classe
Tutte le lezioni dell'*Eserciziario* terminano con un'attività intesa come proposta di rielaborazione dell'argomento introdotto nella lezione. Si chiede allo studente di tenere una specie di "diario" e di riassumere per iscritto i principali contenuti apparsi. Gli si dice, ad esempio, che ora è in grado di parlare delle vacanze, delle proprie abitudini alimentari, dei propri obiettivi lavorativi ecc. Tale esercitazione, essendo individuale, va fatta singolarmente a casa, ma – se desiderato – può essere controllata, commentata e corretta in classe.

Informazioni di costume e cultura
In alcune pagine è stato inserito un *Infobox* (in italiano) che offre una panoramica su alcuni aspetti di costume e cultura italiani. Tale elemento si rivela basilare per un approccio interculturale e per un insegnamento che tenga conto del retroterra culturale dello studente e che stimoli il confronto con la cultura d'appartenenza.

Guida per l'insegnante

Questa Guida vi seguirà passo per passo per facilitare il vostro compito. Spiegherà lo scopo, il procedimento, la progressione di ogni singola attività. È chiaro che si tratterà solo di una proposta.
La modalità precisata può essere variata, in base alla composizione del vostro gruppo: se osservate ad esempio che i vostri studenti amano "giocare", scegliete la forma in due o piccoli gruppi, assegnando i punti ed eleggendo un vincitore. In caso contrario fate fare un più tranquillo lavoro di coppia, senza punteggio né vincenti/perdenti.

In *Espresso* si offrono informazioni di carattere geografico e socioculturale sull'Italia. Queste informazioni sono visualizzate nella guida con il simbolo riprodotto qui a margine.

Ed ora mettiamo in pratica!

Alcuni suggerimenti prima di iniziare
Per avere dei buoni risultati in qualsiasi materia (e il discorso vale soprattutto per gli adulti) è importante riuscire a creare, fin dalla prima ora di lezione, un buon clima di classe. Forse non c'è bisogno di ripetere – dato che si tratta di cose ormai risapute – che l'insegna-

mento di tipo frontale deve essere limitato al minimo indispensabile. È importante che il docente non sia "davanti" agli studenti e quindi anche la disposizione delle sedie deve essere tale da permettere ai partecipanti di guardarsi in faccia. Risulta opportuna, pertanto, una disposizione dei banchi a ferro di cavallo o in cerchio, ma mai uno dietro l'altro, come nelle "vecchie" classi.
La socializzazione, cioè una bella intesa all'interno del gruppo, è un elemento cui non potete rinunciare se volete avere successo. La validità di un insegnante è sicuramente importante come pure quella del manuale, ma se gli studenti non hanno un buon rapporto fra loro, sarà davvero difficile ottenere dei risultati apprezzabili. Questo discorso vale per l'apprendimento in genere, ma se poi ci riferiamo – come in questo caso – all'apprendimento di una lingua straniera che per antonomasia è comunicazione, scambio di conoscenze, ma anche di emozioni e di affettività, diventa logico parlare di collaborazione fra i discenti, che si potrebbe dire strumento indispensabile di acquisizione e di consolidamento dei contenuti appresi. Dovrete avere quindi cura di favorire soprattutto la collaborazione tra gli alunni e di stimolarli ad apprendere in modo autonomo, intervenendo solo quando è veramente necessario e nel modo meno invasivo possibile.
Si consiglia di spiegare agli studenti fin dalla prima ora di lezione la metodologia intrinseca al manuale, soprattutto per quanto concerne le strategie di lettura e di ascolto. Questo per evitare che gli allievi pretendano una traduzione inutile e che per di più andrebbe a scapito del metodo stesso.

La vostra lezione sarà più viva ed interessante se varierete il tipo di lavoro. Cercate di alternare il più possibile il lavoro di coppia con quello in piccoli gruppi e in plenum ed evitate che uno studente venga a contatto sempre con le stesse persone. Per creare le coppie in modo simpatico ed eliminare eventuali tensioni iniziali ci sono diverse possibilità: potete usare le carte del memory (chi ha il medesimo simbolo si mette insieme), potete preparare voi dei bigliettini con scritti due volte gli stessi numeri o le stesse parole o lo stesso disegno ecc.; la formazione della coppia sarà così casuale. Per creare dei piccoli gruppi procedete in modo analogo: preparate dei cartoncini con 3-4 simboli, disegni, numeri, lettere dell'alfabeto, parole uguali e fate riunire le persone con il medesimo simbolo, disegno, numero ecc.

Pianificate bene la vostra lezione in base al gruppo con cui lavorate. Programmate fino a dove volete arrivare, ricordando che un argomento va completato con i relativi esercizi di fissaggio e produzione. Non iniziate una nuova attività se pensate di non riuscire a finirla e ricorrete piuttosto, come riempitivo, all'*Eserciziario*.

Ricordate che la vostra funzione sarà quella di introdurre l'argomento, di presentare il manuale, di "dirigere" il lavoro, ma che la parte attiva sono gli studenti che in certi momenti possono avere la vostra medesima competenza o portare addirittura dei contributi originali. Quando lavorano da soli, cercate di intervenire il meno possibile. È la loro unica opportunità di parlare e non è il caso che vengano bloccati (in tutti i sensi) in questa loro sperimentazione.
In tale fase l'insegnante dovrà agire come attento ed intelligente "collaboratore", intervenendo eventualmente solo in un secondo tempo, al termine dell'esecuzione del compito, a correggere o meglio ad invitare i discenti ad autocorreggersi. Lo studente si sente "schiacciato" da un insegnante troppo invadente, mentre invece deve avere l'opportunità di provare, sperimentare, rischiare.

All'inizio di ogni successiva lezione si consiglia un breve ripasso dell'unità precedente. Questo può avvenire anche all'inizio di ogni singola ora di corso. Dedicate pertanto i primi 5 minuti dell'ora alla ripetizione, lasciando gli studenti liberi di lavorare autonomamente. A due a due (a turno uno è "l'insegnante" che pone le domande e l'altro è "lo studente" che deve rispondere) i corsisti ripeteranno quanto appreso, facendo tutte le domande che ritengono opportune. Avranno così la possibilità di rivedere le espressioni comunicative imparate, di chiedere dei vocaboli, una coniugazione verbale o una regola grammaticale. "L'insegnante" potrà tenere il libro aperto per verificare le risposte.
Questo spazio dedicato al ripasso crea atmosfera, rompe il ghiaccio, abitua il discente all'autonomia ed è un utile strumento di autocontrollo, senza l'ingombrante (onni)presenza del docente.
Se invece si preferisce "perdere" questo tempo solo al termine di un'unità, si può scegliere un qualsiasi argomento della lezione precedente e svolgerlo sotto forma di gioco.

La famiglia

Tema: Parlare di sé e della propria famiglia.

Obiettivi: Parlare della famiglia, descrivere una fotografia, esprimere possesso.

Espressioni utili / lessico: *Hai / Ha sorelle / fratelli? Io sono figlio unico / figlia unica. Sei / È il / la più giovane? Vado a trovare Marco. Quando vieni a trovarci?* Gradi di parentela.

Grammatica: Aggettivi possessivi; superlativo relativo; passato prossimo dei verbi riflessivi.

Proposta: Poiché è importante creare un'atmosfera piacevole all'interno del gruppo, non iniziate a lavorare subito con il manuale, ma lasciate che i discenti riprendano contatto, o se ce ne sono di nuovi, si conoscano, lasciando loro la libertà di decidere da dove ricominciare. Un'attività che potreste fare, dopo esservi eventualmente presentati, è quella cosiddetta del "treno": si tratta di simulare quella che potrebbe essere una reale situazione durante un viaggio in treno. Disponete un numero necessario di sedie una di fronte all'altra per la classe, facendo attenzione che le coppie, o eventualmente i piccoli gruppi, non siedano troppo vicini, e dite ai vostri discenti che sono in treno, che non si conoscono e che possono parlare di quel che vogliono (presentarsi, chiedersi dove vanno, cosa fanno, parlare del tempo, della città che hanno intenzione di visitare ecc.). Date una decina di minuti di tempo e ricordatevi di non intervenire se non per espressa richiesta dei discenti.

1 La famiglia fa notizia

Obiettivo: Introduzione del lessico relativo alla famiglia.
Procedimento: Dite ai partecipanti che i brevi testi che compaiono sotto le foto sono titoli e sottotitoli tratti da giornali italiani (da qui anche il titolo dell'attività) e quindi autentici. Tranquillizzateli ricordando che non devono assolutamente capire tutte le parole, né tradurre, anche perché si tratta di un linguaggio giornalistico. Il loro compito è semplicemente quello di guardare con calma le foto e di abbinarle a quello che reputano essere il titolo corrispondente. Il lavoro può essere svolto individualmente o in coppia. Date qualche

minuto di tempo e controllate poi in plenum. La soluzione sarà facilitata dalle foto e dal fatto che alcune parole sono già note (oltre a quelle che conoscono, sono infatti presenti nei testi anche diversi internazionalismi, come *online*, *baby-sitter* o *nanny*). Spiegate gli eventuali vocaboli non capiti.

Soluzione: *a. «Attenti alle baby-sitter la mamma è una sola»; b. Donne in carriera l'ora del dietrofront; c. Fratello e sorella si ritrovano dopo 47 anni; d. Auto nei parcheggi il centro è dei papà; e. Bambini a letto tardi per guardare la tv; f. Nonni a scuola dai nipoti oggi lezione di Internet*

2 Completate la lista

Procedimento: Dite ai partecipanti di cercare, nei brevi testi dell'attività precedente, i vocaboli necessari a completare la tabella. Non ci dovrebbero essere difficoltà visto che si tratta di trovare le stesse parole in un'altra forma. Se lo ritenete necessario potete eventualmente fare voi il primo esempio: *nonni*. Controllate in plenum e spiegate poi che accanto alle forme *madre* e *padre* esistono anche quelle più confidenziali *mamma* e *papà*. Potete anche chiedere ai corsisti di leggere ad alta voce per verificare la pronuncia di parole che possono creare difficoltà, come *papà* o *zii*.

Soluzione: *nonni, genitori, il papà, la mamma, figli, fratello, sorella, nipoti, marito*

3 Trovate un titolo

Procedimento: Formate delle coppie (o eventualmente dei gruppi di tre se doveste avere un numero dispari di partecipanti) e dite di scegliere una foto e di inventare un titolo. Date un po' di tempo e procedete poi alla lettura dei titoli in plenum.
Se avete un gruppo che ama la competizione potete anche stabilire che il titolo più carino verrà premiato, magari con un giornale o una rivista italiana. Per non essere voi a decidere, dite di scrivere i titoli su un foglio "volante" che attaccheranno con del nastro adesivo alle pareti della classe. I corsisti dovranno alzarsi, guardare i diversi titoli e indicare quello che preferiscono. Vincitore sarà chiaramente il titolo con il maggior numero di preferenze.

4 Vive ancora con i genitori

Obiettivo: Ampliamento del lessico riguardante la famiglia.
Grammatica: Le diverse forme degli aggettivi possessivi *mio, tuo, suo*; superlativo relativo.
Procedimento: Trattandosi del primo dialogo del libro, ricordate, o spiegate, che quando si ascolta un dialogo non bisogna capire tutto, ma solo il senso generale, la situazione. Tale premessa è fondamentale anche perché, essendo i dialoghi del secondo volume più lunghi, i corsisti potrebbero scoraggiarsi. Tranquillizzateli quindi, dicendo che ascolteranno il dialogo diverse volte.
Qui di seguito riportiamo il procedimento che potrete seguire, variandolo, per tutti i dialoghi di questo tipo:

- Fate ascoltare il CD / la cassetta a libro chiuso chiedendo di provare a capire, prima di tutto, l'argomento generale del dialogo. Dopo l'ascolto permettete uno scambio di informazioni in coppia. A questo livello lo scambio dovrebbe avvenire in italiano, trattandosi però del primo dialogo del libro potete dire di ricorrere eventualmente al tedesco per quelle cose che non riescono a dire in italiano. Proseguite con un secondo ascolto, poi formate delle nuove coppie e permettete un secondo scambio di opinioni sul contenuto del dialogo. Se necessario ripetete l'ascolto un'altra volta.

- Leggete ad alta voce le domande del questionario e verificate che i corsisti le capiscano. Fate svolgere il compito singolarmente e poi fate fare un controllo in coppia. Se fosse necessario fate riascoltare il dialogo.

- Controllate il questionario in plenum.

- Fate riascoltare il dialogo e dite ai partecipanti di completarlo. Fate riascoltare e controllare.

1

A questo punto potete ritornare sul lessico. Prima di dare la traduzione delle parole che eventualmente non conoscono, stimolateli a cercarne alcune che potrebbero dedurre dal contesto. Potete ad esempio chiedere, scrivendo alla lavagna, di individuare: 1. la parola che indica una persona che non ha fratelli e sorelle (*figlio unico*), 2. la parola che definisce una persona molto "legata" alla mamma (*mammone*), 3. la persona con cui si sta insieme senza essere sposati (*ragazzo*). Controllate e ricordate, se necessario, anche la differenza tra *amico* e *ragazzo*, visto che i parlanti di lingua tedesca fanno a proposito confusione, ed eventualmente *fidanzato* e *ragazzo*. Spiegate poi gli eventuali vocaboli non noti.

Soluzione del primo compito: *a. sì; b. sì; c. no; d. no; e. no; f. sì; g. no*

Soluzione del secondo compito: *sei, Roma, No, terza, impiegata, sociologa, Sì, sì, due, bambini*

5 Completate

Procedimento: Come per l'attività 2, anche qui i corsisti devono cercare nel dialogo che hanno ascoltato le forme necessarie a completare la tabella. Questo tipo di esercizi è a nostro avviso importante, in quanto stimola i partecipanti a lavorare e riflettere autonomamente sulle strutture della lingua. Chiaramente, alla fase di riflessione autonoma seguirà la verifica in plenum. Consigliamo di rimandare la spiegazione sull'uso dell'articolo davanti ai possessivi a una fase successiva (dopo l'attività 9).

6 Quanti siete in famiglia?

Obiettivo: Parlare di sé e della propria famiglia.
Procedimento: Prima di iniziare l'attività accertatevi che le domande e il compito da svolgere siano chiari. Fate svolgere l'esercizio in coppia spiegando che dovranno intervistarsi sulla base dei punti indicati nel libro. La persona che pone le domande dovrà disegnare, in base alle risposte che riceverà, l'albero genealogico del compagno. A questo proposito sarà forse necessario sottolineare che non bisogna essere dei "Picasso" e che possono, volendo, fare delle semplici linee. Per la formulazione delle domande non ci dovrebbero essere problemi; se notate, però, che i partecipanti hanno delle difficoltà, o se avete un gruppo particolarmente debole, potete chiedere in plenum e scrivere alla lavagna le domande necessarie a svolgere l'esercizio.
Alla fine dell'attività di produzione orale, chiedete se qualcuno ha voglia di presentare la famiglia della persona con cui ha parlato. Se non doveste trovare volontari, ponete voi le domande. Potrete ad esempio chiedere *Quanti fratelli ha X? Quanti figli ha Y?* ecc.

7 Chi di voi ha ...?

Obiettivo: Esercitare il superlativo relativo.
Procedimento: Prima di cominciare l'attività, soffermatevi sul riquadro che riguarda il superlativo relativo. Potete eventualmente anticiparlo scrivendo alla lavagna una frase con un comparativo, come *Roma è più grande di Bologna,* e una con il superlativo relativo, *Roma è la città più grande d'Italia,* e sollecitare gli studenti a fornirvi la regola, che sarà eventualmente completata o spiegata da voi. Se lo ritenete necessario potete anche fare un esempio con il superlativo assoluto (che conoscono già da ***Espresso 1***), ad esempio *Roma è una città grandissima.* Per gli studenti, infatti, la difficoltà potrebbe essere proprio quella di capire la differenza tra i due tipi di superlativo.
Dividete ora i corsisti in piccoli gruppi (3 o 4 persone) e fateli sedere intorno a un tavolo. A turno ogni studente formula una domanda, per esempio *Quante persone siete in famiglia? Quanti anni ha tua madre?* ecc. Ciascuno degli studenti interviene dando informazioni su quanto richiesto. Procedendo così gli studenti stabiliscono chi ha per esempio la mamma più giovane o il nipote più piccolo. Alla fine, se volete, potete raccogliere i risultati in plenum.

8 Carissimo Dario, ...

Obiettivo: Ampliamento del lessico legato alla famiglia, raccontare, descrivere una fotografia, invitare.
Grammatica: Passato prossimo dei verbi riflessivi, aggettivi possessivi, andare/venire a trovare qualcuno.
Procedimento: Trattandosi della prima lettura del libro e dato che forse non tutti i partecipanti sanno come affrontare un testo da leggere, prima di cominciare con l'attività, vale la pena fare alcune considerazioni generali a proposito della lettura in classe.
Prima di tutto dite o ricordate

- che lo scopo della lettura, così come quello dell'ascolto, non è quello di capire tutte le parole, ma di cogliere solo il significato generale del testo: saper distinguere tra ciò che è importante e non;
- che il testo va letto rapidamente e non tradotto parola per parola;
- che dovranno usare anche le loro capacità deduttive poiché spesso, anche quando non si conosce una parola o una certa forma

grammaticale, è possibile dedurre il loro significato in base al contesto nel quale sono inserite.

Lavorando in questo modo lo studente vincerà la paura di affrontare brani di una certa ampiezza. A casa, poi, il partecipante avrà la possibilità, con l'aiuto del vocabolario e se ne sente la necessità, di comprendere proprio tutto.

Dopo aver premesso ciò, date cinque minuti di tempo per la prima lettura. Fate poi chiudere il libro e formate delle coppie dicendo loro di confrontare quello che hanno capito. A questo livello lo scambio dovrebbe avvenire in italiano; se notate però che sono in difficoltà non insistete e ditegli che possono fare il primo scambio anche nella loro madrelingua.

Fate riaprire il libro e ditegli di leggere la lettera di nuovo, questa volta in quattro minuti. Incoraggiateli dicendogli che la seconda volta capiranno sicuramente di più. Allo scadere del tempo assegnato formerete delle nuove coppie che confronteranno ancora una volta, sempre a libro chiuso, quanto hanno capito.

Dopo due letture con relative socializzazioni potete dire agli studenti di concentrarsi (in questo caso) sul disegno e di individuare le persone indicate nell'esercizio. Verificate poi in plenum.

Dopo aver controllato il primo esercizio, passate al secondo compito. Dite ai corsisti che dovranno cercare nella lettera l'equivalente delle espressioni indicate sotto il disegno. Spiegate che si tratta, in parte, di espressioni tipiche del parlato e per questo non traducibili alla lettera. Ricordate però che, pur non conoscendo tutte le parole, sarà il contesto ad aiutarli. Per questa attività possono lavorare da soli o in due. Fate controllare in coppia e poi controllate in plenum.

Un modo per lavorare sul lessico delle letture di una certa lunghezza è quello di dire agli studenti di sottolineare cinque parole che loro reputano essere importanti per la comprensione del testo. A turno potranno chiederne poi il significato. Ricordate di fare attenzione alle domande degli altri e introducete, se necessario, la parola *riga* in modo che possano dire in italiano dove si trova la parola.

Passate adesso a un'analisi del testo evidenziando l'uso dell'aggettivo possessivo *suo*: ricordate che in italiano non si fa differenza tra il maschile e il femminile e che il possessivo si accorda con l'oggetto e non con il possessore. Presentate poi anche le nuove forme: *nostro, vostro, loro*.

Nella lettera compaiono anche due congiunzioni causali: *perché* e *siccome*. Spiegatene la differenza, magari con degli esempi ulteriori, del

tipo: *Resto a casa perché devo lavorare. Siccome devo lavorare resto a casa.* Spiegate che la scelta dell'una o dell'altra dipende dalla struttura della frase: nel primo caso la frase principale è all'inizio, nel secondo, invece, è all'inizio la frase secondaria.
Evidenziate anche il verbo *riuscire a* + infinito e le forme *andare a trovare* e *venire a trovare qualcuno* (»jemanden besuchen«).

Soluzione del primo compito: *Mario è l'uomo con gli occhiali accanto allo sposo. Silvia è la donna a sinistra con i capelli neri. Flavia è la bambina che tiene per mano. Gianni è l'uomo con la barba in fondo a destra. Dario è il bambino che è in braccio alla donna bionda davanti a Gianni.*

Soluzione del secondo compito: *a. ma che fine hai fatto?; b. è da un secolo che; c. mi tiene al corrente; d. quello che combini; e. ti sei trasferito; f. sono contentissimo; g. una persona in gamba*

9 Riflettiamo

1

Obiettivo: Riflettere sull'uso dell'articolo determinativo davanti ai possessivi.
Procedimento: Invitate gli studenti a rileggere la lettera dicendo che, questa volta, dovranno sottolineare tutti gli aggettivi possessivi per poter poi rispondere alle domande dell'esercizio. Accertatevi chiaramente che capiscano sia le vostre indicazioni che le domande. Fate confrontare in coppia e poi verificate in plenum riassumendo insieme alla classe le regole sull'uso dell'articolo determinativo davanti ai possessivi.

Soluzione: *Con i nomi di parentela al singolare non c'è l'articolo. Con i nomi di parentela al plurale c'è l'articolo. Con tutti gli altri sostantivi c'è l'articolo. Davanti all'aggettivo possessivo «loro» c'è l'articolo.*

10 Mio, tuo, ...

Obiettivo: Esercitare le diverse forme dell'aggettivo possessivo.
Procedimento: Poiché per questa attività le istruzioni sono indicate in italiano, leggetele insieme e accertatevi che gli studenti abbiano ben chiaro come funziona il gioco. Dividete poi la classe in piccoli gruppi e assegnate a ogni gruppo un dado e delle pedine. Il gioco dovrebbe durare dai dieci ai quindici minuti circa.

11 Si è sposato ...

Grammatica: Passato prossimo dei verbi riflessivi.
Procedimento: Anche questa attività si riferisce alla lettera di Andrea a pag. 12. Dite agli studenti che non devono leggere di nuovo l'intera lettera, ma che devono solo darvi una scorsa per trovare le forme al passato dei verbi riflessivi e scriverle accanto agli infiniti indicati nell'esercizio. Prima di dare voi la spiegazione invitate i corsisti a riflettere da soli, magari chiedendo da quale ausiliare vengono accompagnati questi verbi e se notano qualcosa nelle desinenze del participio. A questo punto la risposta verrà immediata e da lì voi potrete riassumere insieme la regola. Fate poi leggere la coniugazione di *sposarsi* nello specchietto a destra.

Soluzione del primo compito: *ti sei trasferito; ti sei laureato; mi sono dedicato; mi sono sposato/si è sposata; ti sei deciso*

Soluzione del secondo compito: *Per la formazione del passato prossimo dei verbi riflessivi si usa l'ausiliare "essere" e quindi il participio passato concorda con il soggetto.*

12 Cercate una persona che ...

Obiettivo: Esercitare i verbi riflessivi al passato prossimo e far muovere gli studenti dopo una fase sedentaria.
Procedimento: Prima di svolgere l'attività verificate che tutti i vocaboli siano noti. Lasciate poi lavorare gli studenti (che gireranno per la classe) in modo autonomo facendo completare la griglia con il nome di chi ha svolto le attività citate. Come spiegato nelle indicazioni a ogni persona si possono porre solamente tre domande. Vincitore è il corsista che per primo riesce a completare la lista.

13 Una lettera

Procedimento: Come affrontare la produzione scritta in classe?
In ogni lezione di ***Espresso*** compare un esercizio di produzione scritta (quasi sempre libera).
Poiché molti studenti non affrontano volentieri questo tipo di attività (in effetti si scrive sempre meno anche nella propria lingua madre), cercate di incoraggiarli dicendo che sì la scrittura è tra le abilità più complesse, ma anche molto utile in quanto riattiva la conoscenza di tutte le strutture apprese. Premesso ciò precisate che, pur avendo

come modello la lettera di Andrea, possono distaccarsene tranquillamente: se non vogliono descrivere una foto possono anche raccontare di loro e della loro famiglia in generale.
Anche per questa attività assegnate un tempo massimo (in questo caso dovrebbe bastare un quarto d'ora). Ricordatevi di non intervenire se non su richiesta. Una volta trascorsi i dieci minuti assegnati formate delle coppie di studenti (a questo proposito evitate di far lavorare uno studente particolarmente dotato con uno debole) e dite loro di scambiarsi quello che hanno scritto. A questo punto il compito sarà quello di leggere la lettera del compagno, di individuarne gli eventuali errori e di discuterne insieme. A tale proposito, in un primo momento, astenetevi dall'intervenire nella correzione. Intervenite solo in caso di dubbio da parte degli studenti.
Alla fine dell'attività, se gli studenti lo desiderano, raccogliete le produzioni per farne una correzione a casa.
A tale procedimento faremo riferimento ogni qualvolta apparirà una produzione libera scritta.

14 Genitori vicini e lontani

Procedimento: La descrizione che segue può essere saltata da chi abbia già lavorato con ***Espresso 1*** e abbia seguito i procedimenti relativi all'ascolto raccomandati nella guida dell'insegnante del primo volume.
Si tratta di un dialogo di cui manca la trascrizione, di un dialogo cioè, che va affrontato come vera e propria attività di ascolto. Prima di tutto spiegate che la fase di ascolto è fondamentale per imparare una lingua straniera, e soprattutto chiarite che ascoltare non significa assolutamente dover capire parola per parola, bensì capire il senso generale, la situazione. Può darsi che dopo un primo ascolto gli studenti vi dicano di non aver capito nulla o quasi nulla, che gli speaker parlano troppo velocemente, ecc. Con delle semplici domande del tipo: *Quante persone parlano? Dove sono queste persone secondo voi? Qual è il tema del dialogo?* ecc. dimostrate loro che in realtà hanno capito più di quel che pensano, e che a ogni ascolto capiranno sempre di più.
A questo punto potete dare il via all'attività. Trattandosi di un dialogo abbastanza lungo è bene dividere l'attività di ascolto in diverse fasi: una di ascolto globale, in cui gli studenti devono capire solo il senso generale, e una più dettagliata, in cui dovranno concentrarsi su diversi compiti.

Prima di tutto dite agli studenti di chiudere il libro e dite che (in questo caso) ascolteranno un'intervista. Dopo un primo ascolto formate delle coppie e dite loro di confrontarsi su quello che hanno capito, non importa se poco o anche pochissimo. Dopo un primo scambio di informazioni fate ascoltare di nuovo il brano. Formate poi delle nuove coppie e dite di ripetere lo scambio di informazioni. Dite loro che sicuramente la seconda volta avranno capito di più o che il nuovo partner gli darà delle nuove informazioni (ricordate che spiegare in classe il perché di determinati procedimenti è fondamentale). Dopo due ascolti e relative socializzazioni potete far aprire il libro. (I dati e le informazioni riportate accanto ai disegni sono autentici: *la Repubblica 28/03/2000.*) Fate leggere singolarmente i brevi testi riportati nella tabella e accertatevi che vengano capiti (in questo caso con *caseggiato* si intende *palazzo*). Dite poi che dovranno fare delle ipotesi, dovranno cioè scrivere, accanto alle asserzioni riportate nella tabella, le percentuali che loro credono possibili. L'esercizio è fondamentale per motivare gli studenti ad ascoltare di nuovo, questa volta in modo più "mirato" essendo loro compito quello di verificare se le ipotesi fatte sono giuste o sbagliate. Potete anche "sfidare" gli studenti chiedendo loro se sono sicuri di conoscere gli italiani. Fate verificare a coppie e poi in plenum.

1

Fate svolgere ora l'esercizio successivo. Dite agli studenti che dovranno ascoltare e segnare con una crocetta le espressioni o le parole menzionate nell'intervista. Fate controllare in coppia e, in caso di discordanze, in plenum. Sicuramente vi chiederanno il significato delle parole indicate. Prima di spiegarlo, "sfidateli" a trovarlo da soli (seguendo le indicazioni del manuale), o meglio a fare delle ipotesi su quello che effettivamente potrebbero significare. Alla fine controllate in plenum e spiegate eventualmente i vocaboli non chiari.
Con *famiglia allargata* si intende una famiglia in cui alcuni dei componenti provengono da unioni precedenti, la *famiglia di fatto* è invece quella in cui l'unione dei coniugi non è sancita da vincolo matrimoniale, quindi, nel concreto, due persone che convivono senza essere sposate.
Fate svolgere ora l'ultimo compito: leggete insieme le domande, chiaritene eventualmente il significato e fate riascoltare il brano. Controllate il questionario in plenum. In caso di risposte differenti fate seguire un nuovo ascolto e una nuova verifica.

Soluzione del primo compito: *il 42,9% dei coniugati al di sotto dei 65 anni vive entro 1 km dalla casa della madre; l'11,3% vive nello stesso* *caseggiato; il 3,9% vive nella stessa abitazione; il 58% dei maschi; il 65% delle femmine; il 77,3% incontra la madre almeno una volta a settimana; il 70,2% la sente per telefono una o più volte a settimana*

Soluzione del secondo compito: *famiglia allargata, famiglia di fatto, fenomeno del mammismo, coppia, famiglia di origine*

Soluzione del terzo compito: *per tradizione; dai 27 anni in poi; all'interno della coppia*

Trascrizione del dialogo:

◆ *Siamo qui con la dottoressa Calabrese, sociologa, e con il professor Frisinghelli, psicoterapeuta, per parlare di un tema che è sempre attuale, quello dei figli cronici, cioè dei figli che restano attaccati alla famiglia di origine.*
Allora, dottoressa Calabrese, in Italia continua a esistere il mammismo?

■ *Beh, in fondo tutti sanno che gli italiani sono dei mammoni e tutti sanno anche che la maggior parte di loro non se ne vuole andare di casa prima dei 30 anni. La cosa nuova è che restano molto legati alla mamma anche da sposati.*

1

◆ *Ci sono dei dati precisi?*

■ *Certo. Dalla nostra ultima ricerca risulta che il 42,9% degli italiani vive a meno di un chilometro dalla mamma. Un terzo di questi, per la precisione l'11,3%, vive nello stesso palazzo e il 3,9% addirittura nello stesso appartamento o nella stessa casa.*

◆ *E questo, professor Frisinghelli, è un fenomeno tipicamente italiano?*

▼ *Beh, diciamo che gli italiani sono molto legati per tradizione alla famiglia di origine. Da noi, infatti, i ragazzi escono di casa abbastanza tardi, in media verso i 27 anni. Cosa che non succede invece negli altri paesi europei.*

◆ *E sono più attaccati alla mamma i maschi o le femmine?*

■ *Le figlie, anche se può sembrare strano. Dalla nostra inchiesta risulta che vanno a fare visita alla mamma, ogni giorno, il 65% delle femmine contro il 58% dei maschi.*

◆ *E come mai?*

▼ *Beh, un po' per tradizione, e poi tra due figli adulti, un maschio e una femmina, è quasi sempre la donna che assiste i genitori anziani o malati.*

◆ *Eh, sì, questo è vero.*

- ■ *Comunque abbiamo altri dati ... C'è un'altissima percentuale di figli, maschi e femmine, che va a trovare la madre almeno una volta alla settimana.*
- ◆ *E quale per esattezza?*
- ■ *Dunque ... esattamente il 77,3%.*
- ◆ *Moltissimo!*
- ■ *Sì, e poi c'è il 70,2% che telefona anche più volte in una settimana.*
- ◆ *Ma allora non è cambiato nulla rispetto al passato!*
- ▼ *Beh, sì e no. Sono cambiate le famiglie di oggi. La coppia non è più solo quella di una volta. Ad esempio, adesso ci sono anche le famiglie di fatto oppure le famiglie allargate.*

15 E voi?

Procedimento: Prima di iniziare verificate che tutti i vocaboli siano noti. Dividete poi la classe in gruppi di tre (al massimo quattro) persone e dite loro che dovranno fare una discussione sulla base delle domande indicate nel manuale. Si tratta di un'attività di produzione libera, quindi non intervenite, ma lasciate che i vostri studenti parlino liberamente. Interrompete l'attività solo quando avrete l'impressione che la discussione si sia esaurita.

1

E inoltre ...

1 Un regalo di nozze

Obiettivo: Introdurre il lessico relativo al matrimonio.
Procedimento: Leggete il titolo e chiedete se sanno che cosa significa la parola *nozze*. Eventualmente potete anche chiarire la differenza tra *matrimonio*, che comparirà nelle domande, e *nozze*, dicendo che con *nozze* si fa riferimento al giorno in cui ci si sposa e ai riti che accompagnano questa festa: quindi *viaggio di nozze, lista di nozze, nozze d'argento. Matrimonio* invece è il termine più generico che indica anche la vita di coppia: *un matrimonio che funziona, un matrimonio d'affari*, ecc. Mostrate la foto e chiedete se potrebbe essere stata fatta anche nel paese di appartenenza dei vostri studenti. La discussione dovrebbe aiutarvi a introdurre il tema e a "svegliare" la loro attenzione.
Fate ascoltare il CD / la cassetta a libro chiuso un paio di volte cambiando coppia, se possibile, dopo ogni ascolto e permettendo, tra un ascolto e l'altro, uno scambio di informazioni tra le coppie sul con-

tenuto generale del dialogo. Leggete ad alta voce le domande e verificate che i corsisti le capiscano. Fate svolgere il compito singolarmente e poi fate fare un controllo in coppia. Se fosse necessario fate riascoltare il dialogo. Controllate in plenum.
Passate ora al compito successivo. Verificate che le parole da inserire siano chiare e fate svolgere poi il compito singolarmente. Fate ascoltare ancora una volta il dialogo e dite di controllare. Alla fine verificate in plenum.
Spiegate gli eventuali vocaboli non noti, rimandando a una fase successiva (nel caso in cui dovessero chiedervela) la spiegazione sulla posizione del pronome in presenza di un infinito: *regalargli*.

Soluzione del primo compito: *Dei soldi. Pensa che sia anonimo da parte di un'amica. Di prendere qualcosa dalla lista di nozze. I soldi per il viaggio di nozze.*

Soluzione del secondo compito: *dei soldi; Dei soldi; anonimo; lista di nozze; lista di nozze; viaggio di nozze*

1

2 Quale regalo per gli sposi?

Procedimento: Dividete la classe in piccoli gruppi e invitateli a discutere su quello che loro reputano essere il regalo più adatto per un matrimonio. Dite che possono raccontare anche delle loro personali esperienze. Se notate che l'attività si conclude troppo velocemente, riportate la discussione in plenum, ponendo domande simili a ogni (o a qualche) studente.

Da piccola ...

Tema: Ricordi d'infanzia.

Obiettivi: Raccontare della propria infanzia, raccontare azioni passate abituali, descrivere situazioni, prendere posizione, esprimere il proprio parere.

Espressioni utili / lessico: *La maggioranza / La maggior parte di ... Da bambino (-a) / Da piccolo (-a) ... Normalmente andavo ... Una volta siamo andati ... La gente prima ... Ci penso. Dove sei nato / -a? Com'eri / era da bambino / -a. Ti / Le piaceva andare a scuola? Cosa pensavi / pensava di fare da grande?*

Grammatica: Forme e uso dell'imperfetto indicativo, marcatori temporali usati con l'imperfetto e il passato prossimo, il pronome *ci* con il verbo *pensare a*.

1 I bambini e gli animali

2

Obiettivo: Introdurre il tema e il lessico legato agli animali.
Procedimento: Qui compare, per la prima volta, una lettura relativamente lunga come introduzione al tema e al vocabolario della lezione. Si tratta di un articolo autentico tratto dal quotidiano *la Repubblica*. Prima di affrontare la lettura, chiedete ai corsisti se conoscono dei nomi di animali in italiano e scrivete alla lavagna quelli che vi verranno dettati. Scrivete poi, sempre alla lavagna, da una parte *L'animale più amato*, dall'altra, *L'animale più odiato*, e chiedete agli studenti di dirvi qual è l'animale che più amano e quello che più odiano.
Dopo questo esercizio di prelettura potete dar inizio all'attività.
Fate leggere il testo ricordando che non devono capire tutto. Essendo il contenuto della lettura di tipo descrittivo e non narrativo, non sarà necessario uno scambio di informazioni sul contenuto. Potete però fare voi delle domande in plenum del tipo: *Qual è l'animale più amato dai bambini? Qual è il più odiato? Ci sono delle differenze tra bambini e bambine nella scelta dell'animale?*
A questo punto potete far eseguire l'esercizio a pag. 21. Il compito non dovrebbe creare difficoltà perché ci arriveranno per esclusione e, in parte, per assonanza. Se necessario, date voi la parola *farfalla*. Se volete, dopo potete fare un esercizio di fissaggio del lessico: se preventivamente fotocopiate i disegni su singoli cartoncini, potete chiedere i

vocaboli a libro chiuso, mostrando i disegni. In alternativa potete fotocopiare e ingrandire i disegni in un'unica fotocopia e richiederne il nome additandoli.
Mettete in evidenza il riquadro sulle due forme *la maggioranza* e *la maggior parte* e spiegate che si possono usare indistintamente tutte e due le forme.

Soluzione: *(da sinistra verso destra) delfino, leone, farfalla, uccello, ghepardo, cavallo, coniglio, cane, gatto, tigre*

Eurispes: È un istituto di studi che opera nel campo della ricerca politica, economica e sociale. Realizza studi di ricerche per conto di imprese, enti pubblici e privati, e finanzia autonomamente indagini, ad esempio, su temi sociali di grande interesse.

2 Il vostro sondaggio

Procedimento: Prima di passare all'attività verificate che tutti i vocaboli siano noti. Dividete poi la classe in piccoli gruppi (tre-quattro persone) e dite loro che dovranno fare un sondaggio all'interno del proprio gruppo e prendere nota dei risultati che riferiranno poi in plenum. Assegnate una decina di minuti di tempo. Allo scadere del tempo assegnato riportate l'attività in plenum chiedendo ai diversi gruppi di riferire i loro risultati.

3 Da piccola avevo un cane

Obiettivo: Raccontare al passato.
Grammatica: L'imperfetto indicativo.
Procedimento: Seguite il procedimento presentato nella prima lezione, punto 4, tralasciando l'ultimo punto.
Dopo aver svolto l'attività di verifica della comprensione (controllo del questionario in plenum), fate ascoltare nuovamente il dialogo associato questa volta alla lettura. Dite poi ai corsisti che nel dialogo compare una nuova forma verbale al passato, l'imperfetto. Chiedete loro di cercarne le forme (ci riusciranno, pur non conoscendole, per esclusione) e di scriverle accanto al relativo infinito. Fate controllare a coppie e poi in plenum.
A questo punto potete passare alla spiegazione sull'uso dell'imperfetto indicativo cercando, attraverso degli esempi, di far "scoprire" ai discenti stessi la regola. Consigliamo di non caricare gli studenti

di troppe nozioni grammaticali – l'imperfetto è tra gli argomenti grammaticali più duri da "digerire" – e di procedere quindi lentamente limitandovi, in questa fase, a mettere in evidenza l'uso dell'imperfetto. Chiedete agli studenti quando, secondo loro, si utilizza il nuovo tempo verbale, eventualmente stimolandoli con domande appropriate. Alla fine sistematizzate questa parte della regola. L'imperfetto si usa:

- per descrivere un'azione abituale al passato: *la mattina mi svegliava, mi accompagnava a scuola* ecc.;
- per descrivere condizioni, stati psicologici / emotivi: *vivevate in campagna, era intelligentissimo, era contento.*

Successivamente fate leggere lo schema sulla coniugazione dell'imperfetto a pag. 23 e chiarite eventuali domande a riguardo.

Soluzione del primo compito: *a. sì; c. no; c. no; d. sì; e. sì*

Soluzione del secondo compito: *si chiamava, era, svegliava, accompagnava, tornavo, aspettava, riusciva, vivevate*

4 Da piccolo ...

2

Obiettivo: Esercitare l'uso dell'imperfetto.
Procedimento: Prima di far svolgere l'attività, verificate che il lessico sia compreso. Precisate che tutti i verbi proposti (ad eccezione di *essere*) sono regolari e che pertanto saranno in grado di individuare la forma corretta con l'aiuto del riquadro a pag. 23, illustrato in precedenza. Poi in coppia gli studenti assumeranno il ruolo di Michele e Clara e racconteranno della loro infanzia.
Ora passate alla seconda parte dell'attività, riconducendola in plenum, con un procedimento a catena, o meglio con la pallina, sia per verificare l'esattezza delle risposte, sia per permettere a ogni studente di utilizzare un verbo che forse nella fase precedente non aveva potuto usare.

Soluzione del primo compito: *(Michele) Da piccolo vivevo in campagna in una grande fattoria, era bellissima, avevo tanti animali, giocavo tutto il tempo all'aperto, mi divertivo tantissimo, avevo anche un cavallo, si chiamava Furia. (Clara) Da piccola abitavo in città, trascorrevo i pomeriggi quasi sempre a casa, non avevo animali perché non avevamo spazio in casa, in estate però andavo dai nonni in campagna, lì giocavo con i loro animali.*

Soluzione del secondo compito: *(Michele) Da piccolo viveva in campagna in una grande fattoria, era bellissima, aveva tanti animali, giocava tutto il tempo all'aperto, si divertiva tantissimo, aveva anche un cavallo, si chiamava Furia. (Clara) Da piccola abitava in città, trascorreva i pomeriggi quasi sempre a casa, non aveva animali perché non avevano spazio in casa, in estate però andava dai nonni in campagna, lì giocava con i loro animali.*

5 E tu?

Procedimento: Prima di tutto accertatevi che le domande siano chiare. Dite poi agli studenti che dovranno rispondere individualmente alle stesse domande che poi porranno al proprio partner. Assegnate una decina di minuti e poi riportate l'attività in plenum chiedendo a qualche studente di raccontare agli altri quello che è venuto a sapere sull'infanzia del compagno.

6 Niente animali in casa!

2

Procedimento: Proponete uno-due ascolti chiedendo di riassumere in coppia in modo generico il contenuto del dialogo. È sempre fondamentale, infatti, che dapprima gli studenti capiscano di cosa si tratta globalmente e che solo in un secondo momento focalizzino la loro attenzione sui dettagli.
Fate dunque seguire un altro ascolto per poter rispondere alle domande proposte nel manuale (dopo esservi come sempre assicurati che siano chiare). Fate controllare in coppia e verificate poi in plenum.

Trascrizione del dialogo:

◆ *Senti, Marcella mi ha chiesto se voglio un gatto.*

■ *Ah, di nuovo con la storia del gatto! Mi sembra di essere stato chiaro, io non voglio animali in casa!*

◆ *Ma un gatto piccolino! E poi scusa, perché devi decidere tu?*

■ *Quando siamo andati a vivere insieme eravamo d'accordo su questo punto: niente animali in casa!*

◆ *Ma io ho sempre avuto un animale!*

■ *Sì, ma prima vivevi a casa dei tuoi, avevate una casa di 200 metri quadrati e in più un giardino.*

- ◆ *Mi spieghi perché non ti piacciono gli animali?*
- ■ *Non ho mai detto che non mi piacciono, ho detto solo che non voglio averne in casa. Te l'ho spiegato mille volte perché sono contrario: gli animali soffrono in un appartamento, poi puzzano e se poi non stai attento ti distruggono i mobili!*
- ◆ *Esagerato! Non ho mica detto che voglio un leone! E poi non è vero che sporcano. I gatti sono puliti. Il mio Miu era pulitissimo, faceva i bisogni solo nella sua vaschetta. E poi non puzzava!*
- ■ *Sì, però se hai un animale devi anche occupartene. Devi giocare con lui, portarlo fuori. Prima il tempo ce l'avevi perché studiavi ancora, ma adesso che lavori ...*
- ◆ *I gatti non bisogna portarli fuori!*
- ■ *Sì, va bene, però non puoi lasciarlo sempre solo altrimenti diventa aggressivo ... E poi, scusa, quando andiamo in vacanza che facciamo con il gatto? Lo lasciamo a casa?*
- ◆ *Naturalmente no! Lo lasciamo ai miei o lo portiamo con noi!*
- ■ *Splendida idea! Andiamo in spiaggia con il gatto.*
- ◆ *Beh, io quando ero piccola ce lo portavo in spiaggia il mio Miu!*
- ■ *Ah, ah, e magari nuotavate anche insieme!*
- ◆ *Spiritoso! Va be', ho capito, dico a Marcella che il gatto non lo vuoi!*

Soluzione: *c.; e.; f.; g.; h.*

7 Animali pro & contro

Procedimento: Prima di far cominciare l'attività, evidenziate la frase riportata nel manuale come esempio di strategia per prendere posizione durante una discussione:
Io sono favorevole / contrario (-a) perché secondo me ...
Dividete poi la classe in piccoli gruppi (3-4 persone) e dite loro che, seguendo le istruzioni nel manuale, dovranno fare una discussione sull'opportunità di avere animali in casa.
Se avete un gruppo particolarmente debole o se notate che la discussione in gruppo si esaurisce in poco tempo, riportatela in plenum: scrivete alla lavagna da una parte la parola *vantaggi*, dall'altra *svantaggi* e coinvolgete la classe nella discussione. Ricordate che il vostro è solo un ruolo di "regia", sarà la classe a dover fare la discussione.

8 Tu dove andavi in vacanza?

Obiettivo: Introduzione di alcuni marcatori temporali per raccontare al passato. Confrontare l'imperfetto e il passato prossimo.
Procedimento: Seguite il procedimento presentato nella prima lezione, punto 4.
Dopo un paio di ascolti e relativi scambi di informazioni a libro chiuso, leggete ed eventualmente spiegate le domande. Fate dunque seguire un altro ascolto per dare la possibilità di rispondere. Fate controllare in coppia e poi in plenum. Ripetete infine l'ascolto associato ad una lettura a bassa voce.
A questo punto potete passare all'analisi del dialogo. Chiedete ai corsisti se ci sono delle parole che non capiscono. Evidenziate l'uso della preposizione *per* dopo il verbo *partire*. Spiegate che la parola *amichetto* (diminutivo noto dalla lezione 10 di ***Espresso 1***), in questo caso, fa riferimento a un amico d'infanzia. Chiedete se sanno dov'è la *Valle d'Aosta* (nel dialogo *Val d'Aosta*) ed eventualmente fate vedere nella cartina posta all'interno della copertina dove si trova. Dite che esistono entrambe le dizioni. Essendo l'uso dei due tempi (imperfetto e passato prossimo) legato, in questo dialogo, ai marcatori temporali che li accompagnano, procedete con gradualità e prima di passare alla spiegazione sull'uso dei due tempi, aspettate che gli studenti abbiano fatto le loro riflessioni (attività 9).

2

Soluzione: Per questa attività non esiste una soluzione univoca dato che è possibile formulare le risposte in diversi modi. Diamo a titolo di esempio alcune risposte:
Andava al mare con i genitori.
(A 13 anni) è andato in vacanza in montagna.
Perché prima andare in vacanza non significava necessariamente andare lontano.

9 Normalmente ... una volta ...

Obiettivo: Evidenziare l'uso di imperfetto e passato prossimo in presenza di alcuni marcatori temporali.
Procedimento: Dite ai corsisti che dovranno rileggere il dialogo e sottolineare (da soli o in coppia) le cose che Giovanni faceva normalmente e quelle che ha fatto una sola volta e scriverle poi nella tabella. A questo punto potete chiedere ai corsisti che tipo di azioni vengono espresse con l'imperfetto (azioni abituali e ripetute) e che

tipo con il passato prossimo (azioni verificatesi una sola volta "in via eccezionale").

Soluzione:
Normalmente: non andavamo in vacanza, restavamo a casa, tutte le mattine si prendeva la macchina, si andava in spiaggia, si restava lì tutto il giorno, giocavamo.
Una volta: siamo andati in montagna, siamo partiti per le vacanze.

10 Quando?

Obiettivo: Fissaggio delle espressioni di tempo legate all'imperfetto e al passato prossimo.
Procedimento: Fate completare l'esercizio singolarmente. L'attività non richiede grande sforzo. Sono semplicemente stati eliminati quegli elementi che si volevano mettere in evidenza. Lo studente si limita a "copiare" dal dialogo le parole mancanti. Controllate poi in plenum facendo leggere l'esercizio da uno studente.
Evidenziate le frasi nel riquadro e spiegate che con espressioni del tipo *normalmente, l'estate, tutte le mattine*, che esprimono cioè ripetizione, abitudine, di solito si usa l'imperfetto. Con espressioni come *una volta, a X anni*, che indicano invece "l'eccezionalità" di un'azione, si usa di solito il passato prossimo.
Con molte espressioni di tempo è possibile usare sia l'uno che l'altro tempo verbale, per esempio:

1. *Mia madre mi accompagnava tutte le mattine a scuola.*
2. *La scorsa settimana mia madre mi ha accompagnato tutte le mattine a scuola.*

Nella seconda frase, usando il passato prossimo si vuole mettere l'accento sull'eccezionalità del fatto.
Senza caricare gli studenti di troppe nozioni, cercate di far capire che la scelta dell'uno o dell'altro tempo verbale è spesso una questione di intenzione comunicativa e non di grammatica, nel senso che in molti casi sono grammaticalmente corretti entrambi i tempi, decisivo è quello che il parlante vuole esprimere.

Soluzione: *Normalmente l'estate; Tutte le mattine, tutto il giorno; una volta, quando, 13 anni; la prima volta; prima*

11 E voi?

Procedimento: Prima di far cominciare l'attività potete scrivere alla lavagna le espressioni di tempo su cui hanno lavorato nei punti precedenti, distinguendo tra quelle usate per parlare di azioni abituali *(normalmente, di solito, da piccolo / -a, da bambino / -a)* e quelle usate per parlare di un evento "eccezionale" *(una volta, a X anni, nel ..., X anni fa)*.
Nel manuale è indicata solo la domanda *E voi dove trascorrevate le vacanze di solito?* Spiegate che dovrebbero raccontare anche come, con chi, cosa facevano, ecc.

12 Un'intervista sull'infanzia

Obiettivo: Raccontare della propria infanzia.
Grammatica: Imperfetto indicativo del verbo *fare*, il pronome *ci* con il verbo *pensare a*.
Procedimento: Questo è il primo testo letterario presente in ***Espresso 2***. Seguite il procedimento spiegato nella prima lezione, punto 8, tenendo presente che, trattandosi di un testo letterario, i corsisti avranno bisogno di più tempo per la lettura.
Dopo un paio di letture con relative socializzazioni leggete ad alta voce le domande del questionario e verificate che gli studenti le capiscano. Fate svolgere il compito singolarmente; fate fare un controllo in coppia e poi in plenum.
A questo punto, per lavorare sul lessico, potete usare la tecnica spiegata per l'attività 8 nella prima lezione (dire agli studenti di sottolineare cinque parole che loro reputano essere importanti per la comprensione e poi chiederne a turno il significato) o procedere nel seguente modo.
Scrivete alla lavagna le seguenti definizioni e chiedete agli studenti di cercare l'equivalente usato nel testo, specificando che le espressioni sono in ordine di apparizione:

volentieri	(riga 1–3)	(con piacere)
mi faceva stare male	(riga 4–8)	(mi tormentava)
terribili	(riga 9–11)	(tremende)
una persona che parla poco	(riga 12–22)	(non molto loquace)
una cosa fatta bene	(riga 23–27)	(accurata)
non volentieri	(riga 28–35)	(a denti stretti)

Evidenziate poi i due riquadri: spiegate l'uso del pronome *ci* e illustrate la coniugazione irregolare del verbo *fare* all'imperfetto.

Soluzione: *a. no; b. no; c. sì; d. no; e. sì; f. no; g. sì; h. sì*

Dacia Maraini nasce a Fiesole nel 1936. Esordisce nel 1962 con il romanzo *La vacanza*. Seguono *L'età del malessere* (1963), *Memorie di una ladra* (1973), *Donna in guerra* (1975), *Isolina* (1985), *La lunga vita di Marianna Ucrìa* (1990). Dalla seconda metà degli anni Sessanta scrive molti testi teatrali.
Nel 1980 ha scritto, in collaborazione con Piera Degli Esposti, *Storia di Piera,* nel 1986 *Il bambino Alberto,* nel 1987 *La bionda, la bruna e l'asino,* nel 1993 *Bagheria* e *Cercando Emma,* nel 1996 un libro per ragazzi *Storie di cani per una bambina* e nel 1998 ha ripubblicato *E tu chi eri? 26 interviste sull'infanzia* (1973).
I grandi temi sociali, la vita delle donne, i problemi dell'infanzia sono ancora al centro delle sue opere più recenti: *Un clandestino a bordo* (1996) e la raccolta di racconti *Buio* (1999).

Natalia Ginzburg (da ragazza Levi) nasce nel 1916 a Palermo da una famiglia ebraica di origine triestina. Nel 1919 si trasferisce a Torino con la famiglia. Tra il 1934 e il 1937 pubblica i primi racconti. Nel 1938 sposa Leone Ginzburg. Nel 1940 si trasferiscono in un paesino dell'Abruzzo dove il marito per ragioni politiche è stato mandato al confino. Qui Natalia scrive il primo romanzo (*La strada che va in città*) pubblicato usando uno pseudonimo a causa delle leggi razziali. Nel '44 il marito viene ucciso dai fascisti. Natalia torna a vivere a Torino. Nel '50 si risposa e si trasferisce a Roma, dove inizia il periodo di più ricca fioritura letteraria. Tra le sue opere più note si ricordano *Le piccole virtù, Lessico famigliare,* la commedia *Ti ho sposato per allegria,* il romanzo epistolare *La città e la casa*. Muore a Roma nel 1991.

13 La vostra intervista

Procedimento: Prima di dare il via all'attività, accertatevi che le domande siano chiare.

14 Un concorso letterario

Procedimento: Per questa attività seguite il procedimento presentato nella prima lezione, punto 13.

E inoltre ...

1 La gatta

Obiettivo: Rinforzare l'uso dell'imperfetto.
Procedimento: Qui compare per la prima volta una canzone.
Ci sono diversi modi per lavorare con una canzone in classe: il puro e semplice ascolto (che poi sarebbe il modo più naturale), l'ascolto accompagnato da un testo che può essere spaziato, corredato di disegni, diviso in brani da ricomporre e così via. Quello che noi proponiamo qui di seguito è quindi solamente uno dei tanti modi.
L'attività è divisa in diverse fasi, procedete quindi gradualmente.

- Fate ascoltare una volta il brano a libro chiuso. Dopo il primo ascolto chiedete ai corsisti se la canzone gli piace. Eventualmente potete anche chiedere quale potrebbe essere il titolo.
- Fate aprire il libro e dite che dovranno riascoltare la canzone (coprendo il testo in basso), osservare i due disegni e dire a quale dei due si riferisce il testo e perché. Verificate in plenum.
- A questo punto dite agli studenti che dovranno completare (individualmente o in coppia) gli spazi con la forma appropriata dei verbi indicati a destra.
- Fate riascoltare e verificare.
- Una volta che gli studenti avranno il testo completo, potete chiaramente proporre di cantare la canzone insieme.

Soluzione del primo compito: *primo disegno*

Soluzione del secondo compito: *era, aveva, suonavo, faceva, scendeva, sorrideva, tornava, abito, è cambiato, abito, Ho, vuoi, ripenso, aveva, vedo*

Gino Paoli nasce a Monfalcone, in provincia di Gorizia, si trasferisce da bambino a Genova e lì debutta come cantante da balera. Nel 1960 realizza *La gatta*, brano autobiografico, ma ne vende solo 119 copie. Il disco diventa in seguito un successo da 100 mila copie la settimana. Seguono *Senza fine, Il cielo in una stanza, Sapore di sale* ecc., tutti brani divenuti dei classici. Grazie a lui nasce a Genova la "canzone d'autore".

Facciamo il punto I

Obiettivo: Riepilogazione, fatta in modo ludico, di lessico/strutture delle prime due lezioni.
Procedimento: Intervenite solo all'inizio per spiegare lo svolgimento dell'attività (le istruzioni sono comunque scritte nella lingua madre dello studente). Lasciate poi lavorare da soli i corsisti che saranno liberi di agire e di esprimersi e, probabilmente, gratificati nel constatare i propri progressi.

Non è bello ciò che è bello ...

Tema: L'aspetto fisico, il carattere delle persone.

Obiettivi: Descrivere l'aspetto fisico o il carattere di qualcuno, parlare delle proprie capacità, confrontare, fare delle ipotesi, esprimere un desiderio.

Espressioni utili / lessico: *Che tipo è? Mi sembra interessante. Assomiglia a ... Non ce la faccio, non ce l'ho fatta. Se ne va alle quattro. Carla è alta quanto / come me. Dobbiamo trovare qualcuno. A me non viene in mente nessuno.* Lessico riguardante l'aspetto fisico e caratteriale di una persona. I segni zodiacali.

Grammatica: Uso transitivo e intransitivo dei verbi *cominciare* e *finire, farcela,* il verbo *sapere* nell'accezione di *essere capace, andarsene,* il comparativo di uguaglianza, il condizionale presente, *qualcuno / nessuno.*

3

1 Com'è?

Obiettivo: Introdurre il lessico per descrivere l'aspetto fisico di una persona.
Procedimento: Prima leggete / fate leggere le espressioni usate per descrivere l'aspetto fisico di una persona. Il significato delle parole nuove sarà facilmente comprensibile grazie ai disegni. Richiamate l'attenzione sull'uso di *è castano / biondo* e *ha i capelli neri / bianchi.* Ricordate che accanto alla parola *vecchio* esiste la parola *anziano* (in molti casi più appropriata).
Per un fissaggio del lessico potete ricorrere a cartoncini o foto di persone tratte da riviste che avrete selezionato per questo scopo.

2 Chi è l'intruso?

Obiettivo: Esercitare il lessico introdotto.
Procedimento: Prima di dare il via all'attività leggetene e spiegatene il titolo.
Seguendo le istruzioni nel manuale gli studenti lavorano individualmente e confrontano poi in coppia o in plenum. Richiamate l'attenzione sull'uso di *né ... né.*

Soluzione: *f.*

3 Il personaggio misterioso

Procedimento: Fate lavorare gli studenti in piccoli gruppi o singolarmente (nel caso in cui doveste avere pochissimi partecipanti). Assegnate una decina di minuti di tempo per le descrizioni e riportate poi l'attività in plenum. Se necessario fate un paio di esempi per aiutarli a formulare le domande: *È una donna? È alto? È giovane?* ecc.

4 Un tipo interessante

Obiettivo: Chiedere e raccontare di qualcuno, esprimere il proprio parere su una persona.
Grammatica: Il verbo *farcela*, l'uso transitivo e intransitivo dei verbi *cominciare* e *finire*, il verbo *sapere* nel significato di *essere capace*.
Procedimento: Fate ascoltare una o due volte il CD/la cassetta a libro chiuso, chiedendo che a coppie gli studenti dicano qual è l'argomento generale del dialogo. Fate seguire un ulteriore ascolto, ponendo alcune domande-guida che scriverete alla lavagna, per esempio: *Dov'è stata Catia sabato sera? Perché non è più andata alla festa? Come si chiama il nuovo ragazzo di Sandra? Come si chiama l'ex ragazzo?* ecc. per aiutare i corsisti nella comprensione. Evitate di fare domande circa l'aspetto fisico o il carattere dei due ragazzi di cui si parla nel dialogo, altrimenti viene meno il senso dell'esercizio successivo.
Fate poi aprire il libro e leggete/fate leggere la lista di aggettivi. Dopo averne spiegato il significato, dite che riascolteranno il dialogo e che dovranno segnare quali aggettivi si riferiscono a Luis e quali a Giorgio. Fate ascoltare ancora una volta e dopo una verifica in coppia, controllate in plenum. A questo punto fate seguire un ascolto accompagnato a una lettura a bassa voce.
Potete passare ora a un'analisi lessicale/grammaticale del dialogo. Spiegate l'uso transitivo e intransitivo dei verbi *cominciare* e *finire* (potete anche fare esempi con altri verbi che si comportano allo stesso modo come *cambiare: Ho cambiato il maglione perché non mi piaceva. Luisa è cambiata tanto*). Richiamate l'attenzione sul verbo *farcela*, dando anche un esempio di frase al presente, e sul verbo *sapere* nel significato di *essere capace*. Spiegate che il *master* è un corso di specializzazione post-universitario.
A questo punto potete chiedere agli studenti di lavorare in coppia e di esprimere il proprio parere sui due ragazzi. Dopo un paio di minuti riportate l'attività in plenum.

Soluzione: *Luis: carino, interessante, aperto, divertente, vanitoso; Giorgio: simpatico, timido, sensibile, intelligente, noioso, bruttino, grasso*

5 Ho cominciato a ...

Obiettivo: Esercitare l'uso transitivo e intransitivo dei verbi *cominciare* e *finire*.
Procedimento: Gli studenti lavorano prima individualmente e poi in coppia. Se sentite che una frase è sbagliata non intervenite subito, ma date loro il tempo di riflettere insieme. Solo quando il lavoro a due sarà terminato, potete verificare in plenum.

6 Cosa sa fare?

Procedimento: Per animare l'esercizio, lo si può trasformare in gioco dicendo agli studenti – dopo averli riuniti in coppie – di cercare di indovinare quello che sa fare l'altro mettendo una crocetta accanto alle attività che presumono, appunto, l'altro sappia fare.
La verifica stabilirà il vincitore, a patto naturalmente che entrambi gli studenti siano sinceri.
Come sempre, prima di dare il via all'attività, spiegate gli eventuali vocaboli non noti.

7 Fotografie

Procedimento: Si tratta di un'attività di produzione libera. Dopo aver formato delle coppie dite agli studenti che dovranno parlare delle persone che vedono: descriverne l'aspetto fisico e fare delle ipotesi su quello caratteriale.
In alternativa, gli studenti in coppia potrebbero improvvisare, in base alle foto, un dialogo sul modello di quello su cui hanno lavorato (attività 4). Alla fine una o più coppie potrebbero presentare il dialogo in plenum.

8 La Zezé

Obiettivo: Raccontare di qualcuno, confrontare due persone.
Procedimento: Il testo è tratto da *La città e la casa* di Natalia Ginzburg (per informazioni sull'autrice si veda la lezione 2, punto 12).
Per l'attività di lettura seguite il procedimento spiegato nella prima

lezione, punto 8. Dopo un paio di letture con relative socializzazioni fate rispondere alle domande.
Dopo una verifica in coppia e un controllo in plenum passate all'analisi lessicale/grammaticale. Per evitare di dare subito la traduzione di vocaboli sconosciuti, provate a farli cercare ai corsisti usando la tecnica spiegata nella seconda lezione, al punto 12.
Come possibili vocaboli-sinonimo potete dare:

con un po' di pancia	(panciuta)
magri	(ossuti)
mettere in ordine la casa	(fare le faccende)
magre	(sottili)
ora, adesso	(sul momento)
disordine, caos	(casino)

A proposito della parola *casino* dite che si tratta di un'espressione tipica del parlato.
Richiamate l'attenzione sul verbo *andarsene* e scrivetene alla lavagna l'intera coniugazione, evitate però di spiegare i pronomi combinati.
Prima di passare all'attività di produzione in cui gli studenti (in piccoli gruppi) confronteranno le due donne, evidenziate il riquadro alla fine dell'attività 9 nella pagina successiva. Dite che la forma con il *come* è sicuramente quella più comune.

Soluzione del primo compito: a. *È nera, panciuta, larga di fianchi, magra di spalle e di gambe, con dei piedi ossuti, larghi e piatti, è alta, ha la faccia piena, i capelli ricci, crespi e gonfi.* b. *I capelli.* c. *Va in piazza San Cosimato da Egidio, poi va due ore da Alberico.* d. *Va a stirare da un architetto.* e. *Non le piace portare a spasso i bambini.*

Soluzione del secondo compito: *La Zezé è alta come la signora. La Zezé ha le gambe sottili, le gambe della signora invece non sono sottili. La Zezé ha la faccia piena e i capelli tutti neri, la signora invece ha la faccia magra e tanti capelli bianchi.*

9 Usate la fantasia!

Obiettivo: Esercitare il comparativo di uguaglianza.
Procedimento: In coppia gli studenti confrontano le persone rappresentate nei disegni. Volendo potete trasformare l'esercizio in un'attività scritta: dite ai corsisti di scrivere individualmente le similitudini su un foglio e di confrontarle poi con quelle del compagno o del resto

del gruppo. Scrivendo gli studenti faranno più attenzione a elementi che nel parlato, a volte, vengono trascurati, come ad esempio l'accordo dell'aggettivo.

10 Una nuova conoscenza

Procedimento: Per questa attività seguite il procedimento presentato nella prima lezione, punto 13.

11 E adesso che facciamo?

Obiettivo: Lamentarsi, fare delle ipotesi, parlare di terze persone.
Grammatica: *Qualcuno / nessuno*, il condizionale presente
Procedimento: Per la descrizione di questo procedimento si rimanda al punto 4 di questa lezione. Dopo un paio di ascolti e relativi scambi di informazioni, fate aprire il libro e fate svolgere l'esercizio di comprensione spiegato nel manuale. Come sempre, prima di partire con l'ascolto, accertatevi che le domande siano chiare (in questo caso specifico le caratteristiche delle persone di cui si parla nel dialogo). Dopo uno o due ascolti fate verificare in coppia e controllate poi in plenum. A questo punto potete far ascoltare il dialogo associato alla lettura e poi potete passare all'analisi lessicale.
Da un punto di vista grammaticale nel dialogo compaiono due pronomi indefiniti: *qualcuno* e *nessuno* e il condizionale presente. Limitatevi, in questa fase, a spiegare solo gli indefiniti. La spiegazione sul condizionale (forme e uso) verrà fatta nelle attività successive. In relazione a *nessuno* ricordate di mettere in evidenza l'uso della doppia negazione (cosa anomala per i parlanti di lingua tedesca).

Soluzione: *Patrizia non sopporta il caldo, non va in vacanza senza il fidanzato. Carla non vuole lasciare i figli da soli. Anna è in vacanza nello stesso periodo. Paola non è molto flessibile, ha paura degli scorpioni, non dorme volentieri in tenda.*

12 Riflettiamo

Obiettivo: Riflettere sulle forme del condizionale presente.
Procedimento: In questo esercizio gli studenti dovranno cercare e scrivere le forme al condizionale che compaiono nel dialogo. Prima di passare alla discussione in plenum lasciate che gli studenti si con-

frontino e riflettano in coppia.
Illustrate ora il riquadro a pagina 39. Fate notare che le desinenze sono le stesse per tutte e tre le coniugazioni e, coniugando lentamente un paio di verbi regolari in *-are*, sollecitate gli studenti a scoprire che cosa succede con questi verbi. Passate poi all'analisi delle forme irregolari. Per fissare le forme usate il procedimento a catena o una pallina: voi direte l'infinito, lo studente A la prima persona, B la seconda e così via.

Soluzione del primo compito: *potremmo, andrebbe, lascerebbe, potresti, dormirebbe, dovrebbe*

Soluzione del secondo compito: *potremmo (potere), andrebbe (andare), potresti (potere), dovrebbe (dovere)*

13 Un compagno di viaggio

Procedimento: Assicuratevi che le istruzioni siano chiare e lasciate poi una decina di minuti per il lavoro in coppia. Allo scadere del tempo (o prima, se la discussione in coppia dovesse esaurirsi in poco tempo) riportate l'attività in plenum. Chiedete come dovrebbe essere il compagno di viaggio ideale e, in base ai risultati, fate formare dei gruppi di viaggio.

14 Quando?

Obiettivo: Riflettere sull'uso del condizionale.
Procedimento: Leggete insieme ai corsisti le intenzioni comunicative e assicuratevi che siano chiare. Dite poi agli studenti di osservare i disegni e di indicare a quale situazione si riferiscono. Fate verificare in coppia e controllate poi in plenum.

Soluzione: *a. esprimere un desiderio; b. fare un'ipotesi; c. chiedere cortesemente qualcosa; d. dare un consiglio; e. fare una proposta*

15 Come reagireste?

Obiettivo: Fare delle ipotesi, trovare una soluzione a un problema.
Procedimento: Dopo aver letto ed eventualmente chiarito le situazioni, i corsisti dovranno (in coppia o in piccoli gruppi) dire come reagirebbero nelle situazioni presentate.
Alternative: 1. A gruppi di tre, i corsisti scelgono una delle situazioni e formulano una serie di ipotesi che leggeranno poi in plenum. 2. In

coppia gli studenti scrivono delle frasi sulle situazioni proposte nell'esercizio, frasi che leggeranno in plenum senza dire a quale situazione si riferiscono. Gli altri dovranno individuare il problema a cui fanno riferimento le soluzioni proposte dalla coppia.

16 Un nuovo principe azzurro?

Procedimento: Procedete gradualmente. Proponete uno-due ascolti chiedendo di riassumere in modo generico il contenuto delle interviste (*Di cosa parlano queste persone? Quante persone parlano?*). È sempre fondamentale, infatti, che dapprima i corsisti capiscano di cosa si tratta globalmente e che solo in un secondo tempo focalizzino l'attenzione sui dettagli.
Fate dunque seguire un altro ascolto per poter svolgere le attività che seguono. Ricordate sempre di verificare che i vocaboli (gli aggettivi nel primo caso, le domande del questionario nel secondo) siano chiari.

Trascrizione delle interviste:

◆ *Lina, 24 anni, lavora in un panificio. Senti, Lina, secondo te l'ideale maschile delle donne italiane è cambiato negli ultimi anni?*

■ *Beh, penso di sì, perché sono cambiate le donne, nel senso che prima le donne stavano a casa, badavano ai figli, ora invece lavorano, insomma sono più indipendenti.*

◆ *E per questo, secondo te, è cambiato anche l'ideale maschile?*

■ *Eh beh, sì, perché prima le donne avevano bisogno di un uomo più forte, più protettivo, ora invece no.*

◆ *E senti, qual è il tuo ideale maschile? Che caratteristiche deve avere l'uomo dei tuoi sogni?*

■ *Eh, giusto dei miei sogni … mah … deve essere generoso, simpatico, altruista e … lavoratore. E poi deve piacergli avere una famiglia, dei figli.*

◆ *E fisicamente?*

■ *Mah, non è importante, certo non deve essere un mostro, però non è importante per me ... diciamo normale.*

◆ *Giovanna ha 30 anni e lavora presso l'ambasciata dello Sri Lanka. Senti, Giovanna, faccio a te la stessa domanda. Secondo te è cambiato l'ideale maschile delle italiane?*

▼ *Secondo me sì perché è cambiata la donna.*

◆ *Quindi sei d'accordo con Lina?*

▼ *Sì. Anche secondo me la donna oggi ha un ruolo diverso, ha più aspettative, ha più spazio nella società, quindi è chiaro che chiede delle cose diverse, più rispetto, ad esempio, e forse anche più pazienza.*

◆ *In che senso più pazienza?*

▼ *Eh, sì, perché le donne sono più attive, hanno una vita più frenetica, quindi hanno anche bisogno di un uomo che capisca queste loro nuove esigenze, che sia disposto a restare a casa qualche volta.*

◆ *E senti, com'è il tuo uomo ideale?*

▼ *Mah, per prima cosa deve essere divertente, deve farmi ridere. Poi deve essere estroverso e paziente.*

◆ *E fisicamente?*

▼ *Il fisico per me non è importante. Ho avuto dei ragazzi bruttini, però erano persone interessanti, insomma deve avere soprattutto qualcosa da dire …*

◆ *Tina ha 40 anni è sposata e ha due bambini. Senti Tina, secondo te l'ideale maschile è cambiato in questi ultimi anni?*

▲ *Apparentemente sì, di fatto no. Apparentemente perché le donne essendo più emancipate cercano nel partner una figura che sia paritaria, di fatto però, cercano nell'uomo ancora la sicurezza. Questo, secondo me, si nota di più nelle giovani generazioni. Le quindicenni, ad esempio, sono più attente all'aspetto fisico, per noi, invece, non era così importante.*

◆ *Quindi, secondo te, c'è un po' un ritorno ai valori tradizionali, non so, l'uomo forte, protettivo.*

▲ *In qualche modo sì, per le giovani è così. Anche Lina in fondo ha detto che vuole un partner che pensa alla famiglia!*

◆ *Senti, e per te, che qualità deve avere il tuo partner?*

▲ *Deve essere una persona che sa quello che vuole e deve avere il giusto equilibrio tra forza e tenerezza.*

◆ *E l'aspetto fisico è importante?*

▲ *Sì, ma non prioritario.*

Soluzione del primo compito: *simpatico, forte, divertente, altruista, paziente, estroverso, generoso, lavoratore, protettivo*

Soluzione del secondo compito: *a. sì; b. sì; c. no; d. sì; e. sì*

17 Il vostro « partner ideale »

Procedimento: Per questa attività seguite le istruzioni indicate nel manuale.

E inoltre ...

1 L'oroscopo

Obiettivo: I segni zodiacali.
Procedimento: Dite agli studenti di guardare i disegni e di abbinarli al segno zodiacale corrispondente. Fate controllare in coppia e poi verificate in plenum. Leggete / fate leggere i segni zodiacali per verificarne la pronuncia. Potete chiedere anche ai corsisti di che segno sono (in questo modo spiegherete anche il titolo dell'attività successiva).

2 Di che segno sei?

3

Procedimento: Leggete (ed eventualmente chiarite) gli aggettivi indicati nell'esercizio e spiegate ai corsisti che dovranno (individualmente) fare una crocetta su quelli che li "riguardano". A questo punto dite di girare per la classe e di cercare qualcuno che appartiene allo stesso segno zodiacale (se ci dovessero essere delle persone che non hanno qualcuno con cui lavorare fate formare le coppie secondo criteri diversi, per esempio: *Cercate qualcuno che ha il partner appartenente allo stesso segno, o un amico / un familiare* ecc.).
Una volta formate le coppie gli studenti leggeranno insieme la descrizione del proprio segno, discuteranno se sono d'accordo o meno e confronteranno le caratteristiche indicate nei testi con quelle indicate all'inizio dell'attività. Potete riportare la discussione in plenum chiedendo a un paio di studenti (oppure a tutti se avete un gruppo piccolo) se concordano con quello che hanno letto, se credono nell'astrologia, perché ecc.

Appuntamenti

Tema: Il tempo libero.

Obiettivo: Proporre qualcosa a qualcuno, accettare / rifiutare un invito, fare una controproposta, mettersi d'accordo, darsi appuntamento.

Espressioni utili / lessico: *Che programmi hai per ...? Ti va / Hai voglia di ...? Che ne dici di ...? Sì, volentieri. Buona idea. No, mi dispiace, non posso, devo ... Veramente non mi va ... Perché invece non ... Come rimaniamo? Facciamo alle sette? Io direi di ... Ti / La vengo a prendere. Vado a prendere Franco.* Lessico legato alle attività culturali.

Grammatica: *Stare* + gerundio; il verbo *avere* con i pronomi diretti *lo, la, li, le*; l'accordo del participio passato con i pronomi diretti; gli avverbi *già* e *non ... ancora*; posizione del pronome in presenza di un infinito; i pronomi relativi *che* e *cui*.

1 Tante idee per il tempo libero

4

Obiettivo: Introdurre il tema.
Procedimento: Inizialmente mostrate solo le foto di p. 44, chiedendo agli studenti di formulare delle ipotesi sulle attività (legate al tempo libero) a cui potrebbero far riferimento. Accettate in modo neutrale qualsiasi risposta.
Ora fate leggere individualmente i testi a p. 45 (si tratta di testi autentici tratti da *Il Trovaroma,* inserto settimanale de *la Repubblica*) premettendo che nei testi appaiono diversi vocaboli sconosciuti, ma insistendo affinché gli studenti si concentrino a capire il significato globale sfruttando gli elementi noti e il contesto. A questo punto, leggete il questionario spiegando / facendo indovinare ai corsisti gli eventuali vocaboli sconosciuti e fate svolgere, singolarmente, l'attività.
Fate seguire una verifica delle risposte prima in coppia e poi in plenum.
Una volta controllate le risposte, tornate ai testi, assicurandovi che siano stati capiti vocaboli utili come *botteghino, riposo, mostra, opere.*

Soluzione: *1. b; 2. f; 3. c; 4. e*

2 E voi cosa fareste?

Procedimento: In coppia o in piccoli gruppi, i corsisti esprimono le loro preferenze circa le attività proposte al punto 1 e motivano la loro scelta.

3 Ti va di venire?

Obiettivo: Formulare un invito, accettarlo, rifiutarlo, fare una controproposta, mostrare impazienza.
Grammatica: *Stare* + gerundio.
Procedimento: Fate ascoltare una-due volte il CD / la cassetta a libro chiuso chiedendo qual è il tema globale del dialogo. Non essendoci un esercizio di verifica della comprensione potete preparare voi (scrivendolo alla lavagna o su un lucido) un questionario:

	sì	no
1. Paolo propone a Fabio di fare qualcosa insieme venerdì sera.	❐	❐
2. Paolo vuole andare a teatro.	❐	❐
3. Fabio è studente universitario.	❐	❐
4. Paolo chiama da un telefono pubblico.	❐	❐
5. Fabio propone a Paolo di andare a una festa.	❐	❐

Dopo aver controllato le risposte in coppia e in plenum (*1. no; 2. no; 3. sì; 4. no; 5. sì*), fate aprire il libro e passate all'ascolto con lettura silenziosa. Chiedete agli studenti di cercare nel dialogo le forme usate per invitare, accettare o rifiutare un invito e fare un'altra proposta. Fate controllare in coppia e poi verificate in plenum.
A questo punto potete passare a un'analisi del lessico, dicendo agli studenti di cercare nel dialogo le forme usate: *a. per chiedere a qualcuno se ha qualcosa da fare (che programmi hai), b. per prendere tempo (hmm ... veramente), c. per dire di non avere soldi (essere al verde).*
Probabilmente i corsisti vi chiederanno cosa significa *sto facendo / sto chiamando*. Chiarite quindi l'uso di *stare* + gerundio. Non soffermatevi però sulle forme dato che verranno evidenziate in un secondo momento (attività 7).

Soluzione:
Invitare: Ti va di venire al concerto?
Accettare: Va bene. Sì, sì d'accordo.
Rifiutare: Mi dispiace, ma non vengo.
Fare un'altra proposta: Perché invece non vieni tu con me?

4 Qualcosa in più

Obiettivo: Ampliare il vocabolario legato agli inviti.
Procedimento: Verificate che le espressioni presentate siano chiare e fate eseguire l'attività seguendo il procedimento indicato nel manuale. Dopo aver controllato l'esercizio sistematizzate le diverse forme. Seguendo il procedimento a catena o servendovi della pallina potete eventualmente far esercitare le forme appena viste. Formulate un invito e lanciate la pallina a uno studente. Lo studente dovrà accettare o rifiutare, formulare un altro invito e lanciare di nuovo la pallina.

Soluzione:
Invitare: Che ne dici di andare a ballare? Hai voglia di andare al cinema? Andiamo a mangiare una pizza sabato?
Accettare: Sì, volentieri. Buona idea!
Rifiutare: Mi dispiace, ma ho già un appuntamento. Mah, direi di no. Veramente non mi va. Mi dispiace, ma non posso, devo lavorare.
Fare un'altra proposta: Perché invece non andiamo al mare? No, dai, andiamo a teatro!

5 Inviti

Procedimento: Date un paio di minuti per osservare i disegni e stimolate gli studenti a dirvi dove si trovano le persone rappresentate e che cosa si fa in questi posti. (È un modo per far ripetere il vocabolario di cui avranno bisogno per l'esercizio.) Spiegate poi che, scambiandosi di volta in volta il ruolo, dovranno, in base al disegno, formulare, accettare o rifiutare un invito.

Soluzione: Diamo a titolo di esempio una possibile soluzione: *Ti va di andare al cinema? No, mi dispiace, ho già un impegno.*

6 Una serata insieme

Procedimento: Per rendere l'attività più movimentata potete dire ai corsisti di disegnare una specie di calendario e di scrivervi cinque appuntamenti. Sulla base dei loro impegni dovranno poi cercare di organizzare una serata insieme. Potete anche portare in classe del materiale autentico: pagine culturali di diversi quotidiani, locandine, programmi del cinema, ecc.

7 In fila

Obiettivo: Esercitare la forma *stare* + gerundio.
Procedimento: Prima di dare il via all'attività soffermatevi sul riquadro in basso. (Se non lo avete fatto nell'attività 3, chiarite l'uso di *stare* + gerundio.) Sollecitate gli studenti a trovare da soli la regola per la formazione del gerundio. Dite che oltre a *fare* ci sono solo due verbi il cui gerundio è irregolare: *dire* (*dicendo*) e *bere* (*bevendo*).
Gli studenti eseguono poi il compito in coppia. Uno studente guarda il disegno a p. 48 e l'altro quello a p. 122.

Soluzione: (In ordine, partendo dal ragazzo alla cassa) *Nel primo disegno il ragazzo sta telefonando, nel secondo sta bevendo. La donna sta mangiando un gelato – sta leggendo. Il bambino sta mangiando un gelato – sta dormendo. L'uomo sta leggendo il giornale – sta ascoltando musica. L'uomo sta scrivendo – sta telefonando. La donna sta fumando una sigaretta – sta fumando un sigaro. L'uomo sta dormendo – sta leggendo il giornale. La donna sta mangiando – sta bevendo. I ragazzi stanno parlando – stanno ascoltando musica.*

8 Come rimaniamo?

Obiettivo: Mettersi d'accordo.
Procedimento: Fate un primo ascolto a libro chiuso, chiedendo qual è il tema globale del dialogo. Fate fare un secondo ascolto, sempre a testo coperto, chiedendo: *dove vogliono andare le due donne, a che ora si incontrano, dove si incontrano e come raggiungono il teatro*. Fate ora associare ascolto e lettura e fate completare il dialogo con le espressioni mancanti. Se fosse necessario proponete un ulteriore ascolto. Dopo un confronto in coppia controllate il dialogo in plenum. A questo punto potete passare a un'analisi lessicale. Soffermatevi soprattutto sulle espressioni: *Come rimaniamo? Facciamo alle ... Io direi di ...*

Non anticipate la spiegazione sull'accordo del participio passato con i pronomi diretti. Lasciate che gli studenti eseguano prima l'esercizio successivo di completamento. Controllate in plenum e accertatevi che si siano appunto accorti delle diverse desinenze del participio *li ha presi, l'ha portata*. In caso contrario, chiarite voi stessi la regola servendovi del riquadro accanto all'attività 10.
Mettete in risalto anche l'espressione *andare / venire a prendere qualcuno* e il *ce l'ho, ce l'hai* ecc.

Soluzione del primo compito: *come rimaniamo; per Lei va bene; Facciamo; direi di vederci; Se vuole; allora a domenica; Sì, a domenica*

Soluzione del secondo compito: *teatro; davanti, comincia; li, presi; in, la; portata*

9 Mettiamoci d'accordo.

Procedimento: Per rendere l'attività più movimentata potete far simulare una telefonata sulla base del dialogo su cui hanno lavorato. Fate sedere le coppie di studenti spalla contro spalla e ditegli che dovranno mettersi d'accordo su dove, quando, a che ora incontrarsi e su come raggiungere il luogo prescelto.

4

10 Hai già ...?

Obiettivo: Esercitare l'accordo del participio passato con i pronomi diretti.
Procedimento: Prima di dare il via all'attività assicuratevi che il compito sia chiaro. Chiarite con degli esempi l'uso di *già* e *non ... ancora*, e leggete / fate leggere le frasi per spiegare i vocaboli non noti.

11 Luoghi pubblici e buone maniere

Grammatica: Posizione del pronome in presenza di un infinito.
Procedimento: Come anticipazione del tema fate leggere il titolo e spiegatelo. Seguite poi il procedimento indicato nel manuale.
Un procedimento alternativo potrebbe essere quello di far eseguire un'attività di prelettura. Distribuite il seguente questionario e dite ai corsisti di segnare quelle che loro ritengono potrebbero essere le risposte giuste:

		vero	falso
1.	Al cinema non si deve né mangiare né bere.	❐	❐
2.	Quando si sta male bisogna restare a casa.	❐	❐
3.	Al cinema non si deve alzare mai la voce.	❐	❐
4.	A teatro si può arrivare al massimo con dieci minuti di ritardo.	❐	❐
5.	Durante la pausa si può cambiare posto.	❐	❐
6.	Nei musei è vietato leggere le guide.	❐	❐
7.	Il telefonino è vietato in tutti i luoghi pubblici.	❐	❐

Dopo che ogni studente avrà risposto al questionario potete dire di leggere velocemente il testo e di verificare quante delle loro ipotesi erano vere (*1. falso; 2. vero; 3. vero; 4. falso; 5. falso; 6. falso; 7. vero*). Fate leggere poi il testo una seconda volta e fate eseguire l'attività indicata nel manuale. Fate controllare in coppia e poi verificate in plenum.
A questo punto potete passare all'analisi lessicale/grammaticale. Chiedete ai corsisti di cercare nel testo le forme che secondo loro vengono usate per esprimere un divieto in maniera gentile (*evitiamo, cerchiamo di ..., evitiamo di ...*) e un divieto più categorico (*è d'obbligo*). Mettete in evidenza la costruzione *evitiamo* + sostantivo (*evitiamo commenti*) e *evitiamo di* + infinito (*evitiamo di leggere ad alta voce*). Passate poi alla spiegazione circa la posizione del pronome in presenza di un infinito. Scrivete alla lavagna la frase *Il telefonino possiamo spegnerlo* e chiedete agli studenti se notano qualcosa. Chiedete poi come si potrebbe riscrivere la frase. Se non dovessero arrivare alla soluzione scrivete voi l'altra possibilità: *Il telefonino lo possiamo spegnere.* Nel testo compaiono anche i pronomi relativi *che* e *cui,* spiegatene l'uso facendo degli esempi alla lavagna.

Soluzione: *1. Il telefonino è sicuramente utile, ma forse, nei luoghi pubblici, possiamo spegnerlo per un paio d'ore! 2. Se proprio vogliamo mangiare qualcosa, cerchiamo di non far rumore con la carta. 3. Cerchiamo di non tossire o starnutire, se siamo malati è meglio restare a casa. 4. Non rimaniamo per ore davanti al quadro più importante. 5. È d'obbligo arrivare puntuali.*

4

12 Con un po' di fantasia

Obiettivo: Esercitare i pronomi relativi.
Procedimento: Assegnate una decina di minuti di tempo e fate completare (individualmente) le frasi. Se lo ritenete necessario fate un esempio prima di dare il via all'attività. Ricordate che le frasi sono libere, l'importante è che i corsisti usino uno dei pronomi relativi indicati. Una volta scaduto il tempo assegnato, formate delle coppie. Dopo un confronto ogni coppia leggerà le proprie frasi in plenum.

13 Non sopporto ...

Procedimento: Gli studenti discutono in piccoli gruppi dei comportamenti che a loro danno fastidio nei luoghi pubblici.
Un'attività alternativa potrebbe essere la seguente: chiedete agli studenti quali comportamenti in pubblico considerano fastidiosi. Scriveteli in colonna alla lavagna e dite ai vostri studenti di copiarli nei loro quaderni. Dite quindi di assegnare a ogni comportamento un voto (da 0 a 4) che indicherà l'indice del fastidio che quel comportamento provoca. Così 0 significherà nessun fastidio, 1 un po' di fastidio, 2 abbastanza fastidio, 3 molto fastidio, 4 moltissimo fastidio. Quando ogni studente avrà espresso il suo giudizio dovrà confrontarsi con gli altri compagni del gruppo e motivare le proprie scelte.

14 Che serata!

Procedimento: Seguite il procedimento presentato nella seconda lezione, punto 6.

Trascrizione del dialogo:

◆ *Allora Jo, com'è andato il fine settimana?*
■ *Lasciamo stare che è meglio.*
◆ *Perché? Non sei più andata a teatro con i tuoi amici?*
■ *Certo che ci sono andata, certo! Ed è stato proprio questo il problema!*
◆ *Perché? Cosa è successo? Racconta!*
■ *Allora, avevamo deciso di andare a bere un aperitivo da qualche parte prima di andare a teatro. Bene, siamo rimasti quasi un'ora sotto casa mia per decidere in quale bar andare.*
◆ *E va be', lo sai come sono fatti gli italiani!*

- *Sì, ma non è tutto. Il bar era al centro e siccome gli italiani si muovono raramente con i mezzi pubblici di sera, allora abbiamo avuto la meravigliosa idea di andarci in macchina.*
- *Noo!!*
- *Mezz'ora per cercare il parcheggio, cinque minuti per bere l'aperitivo, perché chiaramente si era fatto tardi, e finalmente arriviamo di corsa a teatro. E tu sai che io odio arrivare quando lo spettacolo è già cominciato. Pazienza, mi sono detta!*
- *Va be', dai, alla fine siete arrivati però.*
- *Sì, certo! Peccato che ho capito la metà di quello che hanno detto gli attori!*
- *E perché?*
- *Perché purtroppo c'è sempre gente che pensa di stare al bar e allora anziché guardare lo spettacolo chiacchiera.*
- *E tu non hai detto niente?*
- *Sì, che ho detto qualcosa, ma ormai mi ero innervosita.*
- *Eh, lo so, la gente maleducata purtroppo c'è sempre!*
- *Sì, però non capisco perché non restano a casa! Comunque non è finita. Nella pausa ci alziamo per andare a fumare una sigaretta nel foyer e quando torniamo troviamo le poltrone occupate.*
- *Come occupate? Ma i posti a teatro non sono numerati?*
- *Certo, ma i signori ci hanno detto che dal loro posto non vedevano bene, così hanno preso i nostri.*
- *Mah! La gente a volte è matta!*
- *Quindi, altra discussione ...*
- *Alla fine si sono alzati però?*
- *Sì, sì, si sono alzati, però sai, mi sono innervosita tanto che non sono più riuscita a concentrarmi!*

Soluzione: *a. sì; b. no; c. no; d. no; e. sì; f. sì*

15 Vi è mai capitato?

Procedimento: Dividete la classe in piccoli gruppi e fate eseguire il compito indicato nel manuale. Se doveste notare che l'attività si esaurisce in poco tempo riportatela in plenum e fate voi delle domande.

E inoltre ...

1 Telefonata a un botteghino

Obiettivo: Chiedere informazioni al telefono su date e prezzo di una manifestazione culturale.
Procedimento: Per questa attività seguite il procedimento presentato nella prima lezione, *E inoltre*, punto 1.

Soluzione del primo compito: *la Carmen; 28 luglio / 7 agosto; 10–60 euro; dal lunedì al venerdì dalle 10.00 alle 18.00 e il sabato dalle 10.00 alle 13.00*

Soluzione del secondo compito: *Carmen; il 28 luglio, il 7 agosto; i dieci, i sessanta; dalle 10.00 alle 18.00, dalle 10.00 alle 13.00*

2 Una telefonata

Procedimento: Leggete / fate leggere le pubblicità degli spettacoli riportate in fondo alla pagina. Chiarite gli eventuali vocaboli non noti e fate eseguire il roleplay seguendo le indicazioni nel manuale.

Buon viaggio!

Tema: Le vacanze.

Obiettivi: Raccontare e descrivere avvenimenti al passato, chiedere un favore, mostrare apertura verso chi parla, esprimere sorpresa, raccontare una disavventura, esprimere dispiacere, chiedere informazioni circa la durata di un viaggio.

Espressioni utili / lessico: *Volevo chiederti / Le una cosa / un favore ... Ho saputo che ... Davvero? Non lo sapevo! Eh, magari! Ma non mi dire! Ma dai! Roba da matti! Dici sul serio? Che disastro! Che peccato! Che guaio! Che sfortuna! Come si raggiunge? Quanto tempo ci vuole? Ci vuole un'ora / Ci vogliono sei ore. La poltrona viene intorno ai 20 euro.*

Grammatica: Imperfetto indicativo e passato prossimo dei verbi *sapere* e *conoscere*; uso modale dell'imperfetto indicativo (per esprimere cortesemente una richiesta); l'uso dell'indefinito *nessuno* come aggettivo; il verbo *volerci*.

5

1 Il Vacatest

Obiettivo: Introdurre il tema della lezione, riprendere e ampliare il lessico relativo ai temi vacanze e viaggi.
Procedimento: Come sempre in presenza di un questionario, prima di dare inizio all'attività verificate che i corsisti ne comprendano tutti i vocaboli. Fate leggere il test e spiegate le parole non note. Gli studenti dovranno rispondere al test individualmente e confrontare poi le risposte con un compagno, cercando, dove possibile, di motivarle. In base alle risposte date, le coppie decideranno se teoricamente potrebbero andare in vacanza insieme oppure no. Riportate la discussione in plenum e chiedete ad alcuni dei corsisti se pensano di poter trascorrere una vacanza insieme e perché.

2 Non lo sapevo!

Obiettivo: Esprimere cortesemente una richiesta; mostrare sorpresa; mostrare apertura verso colui che parla.
Grammatica: Imperfetto indicativo e passato prossimo dei verbi *sapere* e *conoscere*; uso modale dell'imperfetto indicativo del verbo *volere*.

Procedimento: Per introdurre il tema del dialogo potete chiedere ai corsisti se sanno che cosa è un villaggio turistico e se qualcuno di loro ci è mai stato. Seguite poi il procedimento spiegato nella prima lezione, punto 4. Ricordatevi di leggere insieme le domande prima di dare inizio all'ascolto più dettagliato.
Dopo aver controllato le risposte in plenum, fate ascoltare il dialogo associandolo alla lettura. Chiedete poi ai corsisti di cercare nel dialogo l'equivalente delle espressioni indicate nell'attività successiva. Fate controllare in coppia e poi in plenum. Può darsi che gli studenti vi chiedano spiegazioni circa la forma *Dimmi pure.* Potete dire che si tratta di una forma all'imperativo confidenziale, ma evitate in ogni caso di caricarli di spiegazioni grammaticali non ancora necessarie (l'imperativo confidenziale comparirà nella lezione 6) e dite che, in questo caso, l'importante è capire la funzione dell'espressione.
A questo punto potete passare all'analisi grammaticale del dialogo. Fate svolgere la seconda attività e, come sempre, prima di passare alla spiegazione invitate gli studenti a riflettere autonomamente sull'uso dei due tempi. Nel dialogo il verbo *sapere* compare sia nel significato di *venire a conoscenza (ho saputo)* che di *essere a conoscenza (non lo sapevo)*. L'uso di *sapere* nel significato di *venire a conoscenza* non è comune a tutte le lingue. Chiarite quindi, con ulteriori esempi, i due significati dicendo che nel primo caso il verbo *sapere* esprime un'azione, un divenire e nel secondo una situazione, uno stato. Lo stesso discorso vale per il verbo *conoscere.*
Mettete in evidenza anche l'uso modale dell'imperfetto indicativo del verbo *volere (volevo),* usato molto spesso nella lingua parlata per esprimere cortesemente una richiesta.

5

Soluzione del primo compito: Diamo a titolo di esempio le seguenti risposte: *Carlo è stato in Calabria in un villaggio turistico. Enzo vuole sapere come si è trovato Carlo, perché anche lui vorrebbe andare in vacanza in un villaggio turistico. Con sua moglie e i bambini. Carlo dice che si è trovato benissimo anche perché conosceva già il villaggio; inoltre per una famiglia con bambini il villaggio turistico è l'ideale.*

Soluzione del secondo compito: *Volevo chiederti una cosa. Dimmi pure. Davvero? Non lo sapevo! Eh, magari!*

Soluzione del terzo compito: *ho saputo, sapevo; ho conosciuto, conoscevo*

3 Volevo ...

Obiettivo: Esercitare l'uso modale dell'imperfetto indicativo del verbo *volere*.
Procedimento: Leggete ed eventualmente spiegate le situazioni presentate e dite ai corsisti che dovranno scegliere la frase più pertinente. Dite anche che dovranno decidere, a seconda della situazione, se usare la forma confidenziale o quella di cortesia. Spiegate che non esiste nessuna differenza tra *chiedere un favore* e *chiedere un piacere*.

Soluzione: *Ti volevo fare una proposta. Le volevo chiedere un'informazione. Ti / Le volevo chiedere scusa per l'altro ieri. Ti volevo chiedere un piacere. Ti volevo chiedere un consiglio.*

4 Ho saputo che ...

Procedimento: Prima di dare inizio all'attività potete chiedere in plenum se qualcuno è mai stato in un'azienda agrituristica. Chiedete quali sono le caratteristiche dell'agriturismo, in che cosa si differenzia dagli altri tipi di vacanza, che cosa si fa in un'azienda agrituristica ecc.
Trattandosi di un roleplay lasciate agli studenti qualche minuto per prepararsi la parte. Dite poi che i brevi testi riportati in basso possono essere d'aiuto per l'attività, ma non sono in alcun modo vincolanti.

5 Fuori dall'Italia

Grammatica: Uso dell'imperfetto e del passato prossimo, *nessuno* come aggettivo indefinito.
Procedimento: Per la lettura seguite il procedimento spiegato nella prima lezione, punto 8.
Dopo un paio di letture con relativi scambi di informazioni leggete ed, eventualmente, chiarite le domande del questionario. Fate controllare prima in coppia e poi verificate in plenum.
A questo punto passate all'analisi del lessico. Essendo molte le parole sconosciute, usate la tecnica spiegata nella prima lezione, punto 8. Mettete poi in evidenza il riquadro a destra e dite che *nessuno* seguito da un sostantivo si comporta come l'articolo indeterminativo. Ricordate anche l'uso della doppia negazione (***Espresso* 1**, lezione 7).

Soluzione: *a. no; b. no; c. no; d. no; e. sì; f. no; g. sì*

Andrea De Carlo nasce a Milano nel 1952. Trascorre un periodo negli Stati Uniti. Al suo ritorno conclude gli studi universitari laureandosi in Storia contemporanea. Segue un secondo soggiorno all'estero (Australia e Los Angeles). Nel 1981 Calvino fa pubblicare da Einaudi il suo primo romanzo *Treno di panna*. Un anno dopo esce *Uccelli da gabbia e da voliera*. A Roma, poi, lavora insieme a Fellini come assistente alla regia. Dirige un film ispirato vagamente al suo primo romanzo. Nel 1989 esce *Due di due*, scritto a più riprese. Seguono *Tecniche di seduzione, Arcodamore, Di noi tre*.

6 Riflettiamo

Obiettivo: Riflettere sull'uso del passato prossimo e dell'imperfetto.
Procedimento: Dite ai corsisti di rileggere il testo e di sottolineare, con due colori diversi, le forme all'imperfetto indicativo e quelle al passato prossimo. In coppia lasciateli poi riflettere sull'uso dei due tempi. Riportate poi la riflessione in plenum. Ricordate che gli studenti stanno riflettendo da soli, pertanto non scoraggiateli di fronte a ipotesi sbagliate, anzi sollecitateli a riflettere ancora.
La lettura dovrebbe chiarire ulteriormente l'uso dell'imperfetto per descrivere avvenimenti, condizioni e stati d'animo al passato e del passato prossimo per esprimere delle azioni puntuali, concluse. Nel testo appare anche un uso modale dell'imperfetto (*le cose che volevamo portare*) già visto nel dialogo 2.
Lo svolgimento del compito non dovrebbe, a questo punto, presentare particolari difficoltà. Fate controllare come sempre in coppia e poi verificate in plenum.

Soluzione: *passato prossimo, imperfetto, imperfetto*

7 Diario di viaggio

Obiettivo: Esercitare l'uso del passato prossimo e dell'imperfetto.
Procedimento: Seguite le istruzioni indicate nel manuale, fate lavorare gli studenti in coppia (consigliate di svolgere l'esercizio per iscritto) e controllate poi in plenum.

Soluzione: *Alle 10.00 di mattina siamo arrivati all'aeroporto, abbiamo aspettato per quasi un'ora i nostri bagagli, poi siamo usciti e abbiamo preso un taxi. La città era brutta, c'era tantissimo traffico e faceva un caldo terribile. Ci siamo fermati davanti a un albergo, indecisi se entrare o no, ma poi* *abbiamo deciso di noleggiare una macchina e di proseguire per un'altra città. Verso le 15.00 abbiamo fatto una pausa, abbiamo mangiato un panino e poi siamo ripartiti verso nord. Abbiamo guidato per altre tre ore e siamo arrivati in un piccolo paesino. Il mio compagno di viaggio ha detto: "Qui è molto più bello!". Abbiamo lasciato la macchina e siamo andati a vedere. Il paesino era molto tranquillo, c'erano fiori, negozietti che vendevano frutta fresca e spezie e alcuni caffè. Nel paese c'erano solo due pensioni. Siamo andati a vederne una. Era molto carina, semplice, ma pulita. Abbiamo deciso di restare lì per qualche giorno anche perché eravamo stanchi di viaggiare.*

8 Ti racconto del mio viaggio

Procedimento: Per l'attività di scrittura seguite il procedimento indicato nella prima lezione, punto 13.

9 Ma davvero?

Obiettivo: Raccontare una disavventura, mostrare sorpresa, esprimere dispiacere.
Procedimento: Per l'attività di ascolto seguite il procedimento spiegato nella prima lezione, punto 14.
Procedete gradualmente. Proponete uno-due ascolti a libro chiuso chiedendo di riassumere in modo generico il contenuto del dialogo. Fate dunque seguire un altro ascolto dettagliato per poter risolvere il primo compito, che avrete precedentemente letto e chiarito.
A questo punto passate al secondo compito. Leggete/fate leggere le espressioni indicate nel manuale per esprimere sorpresa e per esprimere dispiacere. Fate ascoltare di nuovo il brano dicendo ai corsisti che dovranno segnare con una crocetta le espressioni che vengono appunto menzionate nel dialogo.

Trascrizione del dialogo:

◆ *Ciao Miriam.*
■ *Ciao Anna. Bentornata!*
◆ *Grazie, grazie ...*
■ *Scusa, è successo qualcosa? Hai una faccia!*
◆ *Eh, sì ...*
■ *Ma non sei stata in vacanza?*

- ◆ *Sì, sì, certo che ci sono stata!*
- ■ *Ah! Non sei tanto abbronzata però!*
- ◆ *Guarda, lasciamo stare le mie vacanze che è meglio.*
- ■ *Perché? Non ti sei divertita?*
- ◆ *No, per niente. Giuro che è l'ultima volta che faccio un viaggio organizzato!*
- ■ *Perché scusa? Che è successo?*
- ◆ *Beh, tanto per cominciare l'albergo che avevamo scelto era chiuso.*
- ■ *Come chiuso?*
- ◆ *Sì. Chiuso per lavori di ristrutturazione.*
- ■ *Ma davvero? E scusa, l'agenzia non lo sapeva?*
- ◆ *Hanno detto che si sono dimenticati di cancellarlo dal catalogo.*
- ■ *Roba da matti! E che avete fatto?*
- ◆ *Beh, prima di tutto abbiamo chiamato in agenzia e ci siamo arrabbiati.*
- ■ *Beh, è il minimo.*
- ◆ *Niente, loro ci hanno dato un paio di indirizzi, però gli alberghi erano tutti al completo.*
- ■ *E allora?*
- ◆ *E allora abbiamo continuato a cercare e alla fine ne abbiamo trovato un altro.*
- ■ *Ah, meno male!*
- ◆ *Sì, però era a 10 chilometri dal centro, totalmente isolato, senza bagno in camera e per di più un po' sporco.*
- ■ *Che sfortuna! Ma il posto per lo meno era bello?*
- ◆ *Insomma! Superturistico, pieno di negozi di souvenir e carissimo!*
- ■ *Ma dai! Che peccato!*
- ◆ *In più il tempo è stato bruttissimo, è piovuto quasi sempre e in spiaggia siamo andati una volta sola!*
- ■ *Che sfortuna! Mi dispiace! Va be', non te la prendere, dai, vieni che ti offro un caffè!*

Soluzione del primo compito: *albergo chiuso, camera senza bagno, posto carissimo, albergo sporco, tempo bruttissimo, posto molto turistico*

Soluzione del secondo compito: *Ma davvero? Ma dai! Roba da matti! Che peccato! Mi dispiace! Che sfortuna!*

10 Che sfortuna!

Procedimento: Prima di dare inizio all'attività dite agli studenti che potranno anche basarsi su fatti fittizi, magari avvenuti a persone di loro conoscenza. Dite anche che dovranno cercare di usare, a seconda di quello che gli verrà raccontato, le espressioni viste in precedenza per esprimere sorpresa e dispiacere.
Se doveste avere una classe un po' "debole" potete distribuire dei cartoncini preparati precedentemente, su cui avrete scritto, in maniera schematica, alcuni avvenimenti sfortunati, per esempio perdere l'aereo, partire con sei ore di ritardo, albergo sporco, tempo brutto ecc. In questo caso l'attività è chiaramente più guidata, ma può servire per i gruppi che hanno difficoltà a inventare o semplicemente a parlare più liberamente.

E inoltre ...

1 Vorrei qualche informazione

Obiettivo: Chiedere un'informazione, chiedere come si raggiunge una località, informarsi sulla durata di un viaggio, chiedere e indicare un prezzo approssimativo.
Grammatica: Il verbo *volerci*.
Procedimento: Prima di iniziare l'attività spiegate che il dialogo che ascolteranno si svolge in un'agenzia di viaggio e che il cliente vuole andare alla Maddalena. Aiutandovi con il disegno nel manuale fate vedere dove si trova la località.
A questo punto dite agli studenti di chiudere il libro e di ascoltare il CD/la cassetta. Dopo un paio di ascolti con relativi scambi di informazioni, scrivete alla lavagna, o su un lucido, le seguenti domande: 1. In che città si svolge il dialogo? (Perugia.) 2. Con chi vuole partire l'uomo? (Con sua moglie.) 3. Quale mezzo di trasporto preferisce e perché? (Preferisce il traghetto perché sua moglie ha paura dell'aereo.) 4. Quanto costa una poltrona? (23 euro a persona.)
Fate ascoltare di nuovo il dialogo per poter rispondere alle domande. Fate controllare in coppia e verificate poi in plenum.
Fate svolgere ora il compito alla fine del dialogo. Controllate in plenum e poi fate leggere il dialogo. A questo punto potete passare all'analisi lessicale/grammaticale. La forma *volevo* della quarta battuta è ormai nota, potete comunque metterla in evidenza come conferma di quello che hanno già imparato. Mettete in evidenza

5

l'espressione *avere paura di qualcosa o qualcuno* e chiaramente il verbo *volerci*. Spiegate che l'espressione *intorno a* equivale a *circa, più o meno*.

Soluzione: *Vorrei qualche informazione. Come si raggiunge? Quanto tempo ci vuole? Quanto costa (più o meno)?*

La Maddalena: Gruppo insulare del Mar Tirreno, presso la costa nord-orientale della Sardegna, separato dalla Corsica tramite le Bocche di Bonifacio. Comprende le isole di Maddalena, Caprera, Santo Stefano, Spargi, Budelli, Santa Maria e Razzoli, alcuni isolotti minori e numerosi scogli. Nel 1993 è stato istituito parco nazionale.

2 In un'agenzia di viaggi

Procedimento: Si tratta di un roleplay: uno studente assume il ruolo del cliente e l'altro quello della persona che dà le informazioni. Il disegno mostra come raggiungere le località indicate e la tabella a p. 122 fornisce informazioni sugli orari di partenza e di arrivo e sui prezzi. Dite che dovranno fare minimo due dialoghi scambiandosi ogni volta i ruoli. Ricordate di non intervenire in questo caso e di lasciare i corsisti liberi di esprimersi autonomamente.

Al termine di questa lezione potreste affrontare il brano di p. 123 (*Il villaggio mi piace*). Per le considerazioni generali sulla lettura in classe si veda quanto detto nella prima lezione, punto 8 (Cfr. p. 110, Qualcosa in più).

Facciamo il punto II

Si vedano le osservazioni sotto *Facciamo il punto I*, al termine della seconda lezione (p. 37 della presente Guida).

L'importante è mangiare bene!

Tema: Abitudini alimentari.

Obiettivi: Dare dei consigli, parlare delle proprie abitudini alimentari, esprimere il proprio parere, esprimere un giudizio sui cibi.

Espressioni utili / lessico: *Sono a dieta. Che dovrei fare secondo te? Le diete non servono a niente. Mah, dipende. Hai ragione. È importante quello che mangi. L'insalata è insipida / salata / sana ... La bistecca è cruda / dura / buona ... Il pollo è piccante / bruciato / squisito / grasso ...*

Grammatica: Imperativo confidenziale (forma affermativa e negativa), il verbo *servire*, posizione del pronome con l'imperativo.

1 Diversi modi di mangiare

Obiettivo: Introdurre il tema e il lessico dell'unità.
Procedimento: Inizialmente mostrate solo le foto di p. 66 e leggete / fate leggere i titoli dei libri. Alcuni titoli si prestano a formulare delle ipotesi su quello che potrebbe essere il contenuto del libro (Cucinare senza fuoco, Turismo gastronomico in Italia, Mangiare bene spendendo poco). Con delle domande del tipo *Che tipo di ricette potrebbero esserci in questo libro? Che piatto consigliereste a chi vuol mangiar bene e spendere poco?* ecc., sollecitate gli studenti a fare le loro ipotesi. Per ripetere e / o ampliare un po' il vocabolario potete chiedere i nomi di verdure, pasta, pesci e dolci che conoscono in italiano.
A questo punto gli studenti leggono i testi a p. 67 e decidono, in coppia, quale libro regalerebbero alle quattro persone di cui vengono descritte le abitudini alimentari. Chiaramente l'esercizio non ha una soluzione univoca. Riportate la discussione in plenum e chiedete ai corsisti di motivare le loro scelte.
Per analizzare un po' il lessico potete far cercare nei testi l'equivalente delle seguenti espressioni: *il momento in cui si mangia (pasto); una persona che non mangia carne (vegetariana); non mangiare a pranzo o a cena (saltare il pasto);* un altro modo per dire *andare al ristorante o in pizzeria (andare a mangiare fuori).*
Passate ora all'ultima parte dell'attività: in coppia, o in piccoli gruppi, gli studenti dovranno dire qual è il libro che fa per loro e perché.

2 Io le consiglierei di ...

Obiettivo: Introdurre lessico e strutture utili per l'attività successiva.
Procedimento: Leggete/fate leggere la lista dei consigli e spiegate eventualmente le parole non note. Chiedete poi ai corsisti che consigli darebbero a una persona che vuole dimagrire (dovrebbero capire il significato del verbo con l'aiuto dell'aggettivo *magro* che conoscono già dalla lezione 3). Se volete potete introdurre anche l'espressione *fa male / fa bene* in modo che possano motivare i loro consigli. Fateli poi lavorare in coppia.

3 Non esagerare!

Obiettivo: Dare consigli, reagire ai consigli dell'altro.
Grammatica: Imperativo confidenziale affermativo e negativo, il verbo *servire*.
Procedimento: Seguite il procedimento spiegato nella prima lezione, punto 4. Per verificare la comprensione, dopo un paio di ascolti con relative socializzazioni, potete distribuire o fotocopiare su lucido il seguente questionario:

a. Barbara mangia solo	uno yogurt. dei grissini.
b. Secondo Francesca per dimagrire bisogna	saltare i pasti. mangiare hamburger. mangiare un po' di tutto.
c. Barbara dovrebbe	bere meno limonate. bere più acqua. bere meno bibite dolci.
d. Barbara dovrebbe	uscire più spesso. guardare meno la TV. lavorare meno. andare a ballare.

Fate controllare le risposte in coppia e verificate, se necessario, in plenum (*a. uno yogurt; b. mangiare un po' di tutto; c. bere più acqua, bere meno bibite dolci; d. uscire più spesso, guardare meno la TV, andare a ballare*). Poi fate aprire il libro e associare ascolto-lettura.
A questo punto tornate al testo per le necessarie spiegazioni lessicali.

Scrivete alla lavagna con dei sinonimi le due frasi che appaiono nel dialogo, in modo da fissare la nuova struttura: *Le diete non servono (a niente)* = Le diete sono (assolutamente) inutili e *Non ti serve a niente mangiare solo uno yogurt* = È assolutamente inutile mangiare solo uno yogurt.
Per introdurre le forme dell'imperativo confidenziale fate svolgere il compito indicato nel manuale. Spiegate che, per dare dei consigli o dei suggerimenti, in italiano si può usare il condizionale e l'imperativo. Le forme da ricercare sono, a parte un esempio, che tra l'altro riconosceranno, tutte all'imperativo. Fatevele dettare e scrivetele alla lavagna. Fatevi dire anche la corrispondente forma all'infinito e scrivetela accanto all'imperativo. A questo punto gli studenti, aiutandosi con il riquadro a p. 69, potranno cercare di individuare la regola. Fate notare le forme *fa'* e *va'*. Passate poi all'analisi della forma negativa dell'imperativo confidenziale cercando di indurre i corsisti stessi a fornirvi la regola.

Soluzione:
Sì: *Cerca di mangiare un po' di tutto! Bevi più acqua! Esci! Fa un po' di sport! Va' a ballare!*
No: *Non bere tutte quelle bibite zuccherate! Non dovresti stare sempre a casa davanti alla TV!*

6

4 Mangia meno dolci!

Obiettivo: Esercitare le forme dell'imperativo confidenziale.
Procedimento: Leggete le istruzioni dell'attività e accertatevi che siano chiare. Fate poi leggere le diverse proposte presenti nel manuale e chiaritene eventualmente il significato. A questo punto gli studenti, in coppia, daranno dei consigli usando l'imperativo (affermativo e negativo).

Soluzione: *Limita zuccheri e grassi! Varia la dieta! Conta le calorie! Esci! Non bere troppi alcolici! Non mangiare tanta carne! Fa' le scale invece di prendere l'ascensore! Non mangiare solo insalata! Non usare troppo burro! Bevi più acqua! Non comprare cioccolata! Fa' jogging! Cammina invece di prendere la macchina!*

5 Abitudini alimentari

Obiettivo: Parlare delle proprie abitudini alimentari.
Procedimento: Chiarite le domande e fate poi svolgere l'attività in coppia: gli studenti rispondono singolarmente alle domande, intervistano poi il compagno e ne scrivono le risposte. In una fase successiva dovranno poi darsi dei consigli in base alle loro abitudini alimentari. Se volete potete riportare l'attività in plenum e porre alcune domande. In questo caso lasciate che sia l'intera classe a dare dei consigli.

6 Per dimagrire ...

Obiettivo: Esercitare il verbo *servire*.
Procedimento: Già al punto 3 è stata messa in evidenza la nuova struttura con *servire*. Se volete, riscrivete alla lavagna il significato del verbo con il suo sinonimo. Fate svolgere quindi, autonomamente, l'attività presentata nel libro. In coppia fate poi controllare le risposte e intervenite solo su espressa richiesta dei corsisti. In questo caso, chiaramente, non è possibile fornire una soluzione univoca.

7 Le diete non servono?

Procedimento: In piccoli gruppi gli studenti discutono liberamente delle loro esperienze in fatto di diete: se ne hanno mai fatte, se servono ecc.

8 Riscopri il gusto della tavola!

Grammatica: Posizione dei pronomi con l'imperativo confidenziale. Raddoppiamento della consonante del pronome diretto in unione con un imperativo monosillabico.
Procedimento: Prima di dare inizio all'attività di lettura mostrate la foto a destra e spiegate che Slow Food è un movimento nato in Francia alla fine degli anni '80 che, come dice il nome stesso, vuole contrapporsi al fast food. I principi della "filosofia" dello slow food sono appunto riassunti nel testo presentato: recupero delle vecchie tradizioni culinarie, attenzione a quello che si mangia, sostegno dei prodotti locali, recupero di prodotti gastronomici "in via d'estinzione" ecc. Il movimento si è esteso negli ultimi anni anche ad altri paesi europei.

Dopo aver fatto leggere il brano una volta, distribuite o proiettate il seguente questionario (come sempre leggete e spiegate le domande prima di far svolgere l'attività):

Segnate con una crocetta l'affermazione corretta.

Il testo dice che non si dovrebbe/dovrebbero:

a. mangiare velocemente. ❐

b. mangiare da soli. ❐

c. mangiare in piedi. ❐

d. mangiare mentre si ascolta la radio. ❐

e. guardare la TV mentre si mangia. ❐

f. fare la spesa al supermercato. ❐

g. comprare prodotti senza leggere le etichette. ❐

h. comprare prodotti del proprio paese. ❐

Fate controllare le risposte in coppia e verificate poi in plenum (*a; c; e; g*).
A questo punto potete passare all'analisi lessicale/grammaticale. Dopo aver chiarito gli eventuali vocaboli sconosciuti, fate svolgere il compito successivo e spiegate la posizione dei pronomi con l'imperativo confidenziale. Spiegate che il raddoppiamento della consonante del pronome diretto avviene, oltre che con *fare,* anche con: *andare, dare, dire* e *stare*. Alla lavagna potete scrivere ulteriori esempi, magari anche con il *ci* locativo e il *ne* partitivo:
A scuola vacci a piedi!
Di mele prendine un chilo!
Spiegate inoltre che con la forma negativa i pronomi possono seguire l'imperativo e formare con esso una sola parola o precederlo: *Non prenderlo! / Non lo prendere!*

Slow Food è un movimento internazionale nato a Parigi nel 1989. La sede principale è a Bra, in Piemonte. Altre sedi sono state aperte in Svizzera, in Germania e negli USA, a New York. La struttura associativa di Slow Food consta di 65.000 membri in 45 paesi del mondo, organizzati in 560 convivia (delegazioni di territorio). In Italia i soci sono 35.000 circa e i convivia (che in Italia si chiamano condotte) sono 340. Nel resto del mondo sono 220 circa e continuano ad aumentare.

Le condotte, in Italia, e i convivia, nel mondo, sono le radici di Slow Food sul territorio: interpretano e rappresentano a livello locale la filosofia dell'associazione.
Responsabile della condotta o convivium è il fiduciario o convivium leader, il quale, facendo da tramite tra gli associati e la sede centrale, organizza per i soci appuntamenti e iniziative enogastronomiche, crea momenti di convivialità, valorizzando i prodotti e promuovendo artigiani e cantine del territorio. Propone corsi di degustazione e Laboratori del Gusto, facilita la conoscenza di nuove realtà enogastronomiche e quella di prodotti e cucine di altre zone. Educa al gusto, insomma.

9 Per salvare la «vecchia tavola»

Obiettivo: Esercitare l'uso dell'imperativo confidenziale in combinazione con i pronomi.
Procedimento: I corsisti trasformano le frasi all'imperativo e confrontano poi in coppia. Verificate infine in plenum.

10 Salviamo il piacere della tavola!

Procedimento: Per l'attività di scrittura seguite il procedimento presentato nella prima lezione, punto 13. Per rendere l'attività più movimentata potete portare in classe dei cartoncini e dei pennarelli colorati o delle riviste di cucina.

6

11 Italiani a tavola

Procedimento: Per introdurre il tema dite che il testo tratta delle abitudini alimentari degli italiani. Leggete/fate leggere il questionario, spiegatene gli eventuali vocaboli non noti e dite ai corsisti di segnare con una crocetta le affermazioni che loro ritengono possibili.
A questo punto gli studenti leggono il testo e, in piccoli gruppi, verificano quali delle loro ipotesi erano effettivamente esatte e quali no.
Riportate l'attività in plenum e chiedete ai diversi gruppi che cosa hanno o non hanno "indovinato" e perché (ciò vi darà modo di sfatare molti "miti" sulle abitudini alimentari degli italiani).
Fate leggere di nuovo il testo e passate poi all'analisi del lessico (se volete potete far svolgere gli esercizi 10 e 11 dell'eserciziario).
Dopo aver analizzato il brano da un punto di vista lessicale, potete passare alla discussione in plenum sui punti indicati nel manuale.

12 Brunch & tortellini

Procedimento: Per la comprensione auditiva seguite il procedimento spiegato nella seconda lezione, punto 6.

Trascrizione del dialogo:

◆ *Scusa, mi spieghi perché i tortellini li fai a mano? Ma non potevi comprare quelli già pronti al supermercato?*

■ *E certo, tu compreresti tutto già pronto! Per fortuna non la pensano tutti come te, altrimenti la pasta fatta in casa non la saprebbe fare più nessuno!*

◆ *Hmm ... poco male!*

■ *Va be', lasciamo perdere che è meglio. Prendimi la farina va'!*

◆ *E poi perché non abbiamo organizzato un brunch? Io questi pranzi a base di pasta e arrosti li trovo così noiosi!*

■ *Ah, sì?*

◆ *Sì, si sta seduti per quattro ore a tavola a chiacchierare e si mangiano sempre le stesse cose!*

■ *Sì? E dimmi, cosa ti piacerebbe?*

◆ *Mah, che ne so! Un brunch, un pranzo a base di sushi ... insomma qualcosa di originale!*

■ *Ah, e tu un pezzo di pesce crudo lo chiami originale? Ma fammi il piacere!*

◆ *Beh, sicuramente più originale di una lasagna o di uno stupido risotto!*

■ *Ma che dici! Tu non sai neanche come si fa un risotto! Guarda, cambiamo argomento altrimenti mi arrabbio!*

◆ *No, no, invece! Il punto è che siete dei conservatori, siete contro la modernità!*

■ *Ah, e tu mangiare hamburger in un fast food lo chiami essere moderni? Beh, allora preferisco essere "antica".*

◆ *E infatti!*

■ *Parlate di modernità e non sapete neanche prepararvi un piatto di spaghetti al pomodoro! Lasciamo stare va che è meglio!*

◆ *No, no, parliamone invece ... tu sai cos'è il cuscus?*

■ *Beh, cosa c'entra il cuscus adesso?*

◆ *Ma dimmi, l'hai mai mangiato?*

■ *Certo che l'ho mangiato! Il cuscus non è un piatto moderno, fa parte anche della cucina siciliana.*

◆ *Hmmm ...*

■ *E poi tu forse non hai capito che io non sono contro la cucina di altri Paesi ...*

◆ *Ah no?*

■ *Eh, no. Io sono solo contro questa cucina veloce. E poi scusa a me cucinare piace, e mi piacciono anche questi pranzi domenicali che durano delle ore ...*

◆ *Va be', contenta tu ...*

Soluzione: *a. sì; b. no; c. sì; d. no; e. sì; f. no; g. no; h. sì*

13 Cucina tradizionale? No, grazie, la preferisco esotica.

Procedimento: Dividete la classe in piccoli gruppi e spiegate che dovranno fare una discussione sulla base delle domande del manuale. Se la discussione si dovesse esaurire in poco tempo, riportate l'attività in plenum.

E inoltre ...

6

1 Squisito!

Obiettivo: Introdurre il lessico necessario per descrivere i cibi.
Procedimento: Gli studenti osservano i disegni e ascoltano il CD/la cassetta. Fate ripetere le frasi ad alta voce e fate poi svolgere l'attività. Se volete potete ampliare il vocabolario e introdurre le parole *scotta* aggettivo riferito alla pasta (contrario di *al dente*), *ben cotta* come contrario di *cruda*.

Soluzione: *Accidenti, com'è salata! Oddio, com'è piccante! È un po' bruciato! Però ... è un po' insipida! È un po' cruda! Squisita!*

2 Dolce o salato?

Procedimento: In coppia i corsisti svolgono il compito seguendo le istruzioni del manuale. Prima di dare inizio all'attività, accertatevi che gli aggettivi a destra siano chiari. Se volete potete fare anche un esempio in plenum.

Mens sana ...

Tema: Il corpo umano, salute, benessere, sport.

Obiettivi: Parlare di un problema di salute, descrivere un sintomo, dare dei consigli o delle indicazioni, parlare di sport, esprimere la propria opinione, cercare di convincere qualcuno.

Espressioni utili / lessico: *Ho mal di testa / denti/pancia ... Mi fa male lo stomaco / la pancia ... Ho problemi alla schiena. È / sei allergico a qualcosa? Ho un'allergia a ... Mi sono scottato. Potrebbe essere un colpo di sole. La stanno già servendo? Che sport fa / fai? Faccio yoga. Gioco a tennis. Mi sembra un'ottima idea. Io avrei un'idea migliore.*

Grammatica: Imperativo (con il *Lei* e il *voi*), imperativo negativo (con il *Lei* e il *voi*), la posizione dei pronomi con l'imperativo, il comparativo e il superlativo di *buono* e *bene*, alcuni plurali irregolari.

7

1 Ho mal di ...

Obiettivo: Introdurre il lessico per parlare di un malessere fisico.
Procedimento: I corsisti osservano i disegni e li abbinano all'espressione appropriata. Controllate in plenum avendo cura di far leggere le frasi ad alta voce per controllarne la pronuncia. Spiegate poi che per esprimere un malessere fisico, in italiano, si possono usare due forme: *Ho mal di testa / di pancia* ecc. oppure *Mi fa male la testa / la pancia*; con la differenza che la prima espressione non è estensibile a tutte le parti del corpo: *Ho mal di mani* non si dice, mentre è quasi sempre possibile dire *mi fa / fanno male ...*
A questo punto potete far svolgere la seconda parte dell'attività. Fate prima di tutto osservare le fotografie, spiegate i vocaboli non noti e introducetene altri utili come: *palestra* e *dentista*. Mettete poi in evidenza il riquadro a destra e fate notare l'uso delle preposizioni *da* e *in* con il verbo *andare* (andare da qualcuno / in un luogo). In coppia gli studenti dovranno poi decidere dove mandare le persone i cui "malesseri" sono stati presentati nella prima parte dell'attività. In questo caso non esiste una soluzione univoca.
Riportate l'attività in plenum e fatevi dire che suggerimenti hanno dato e perché.

Soluzione del primo compito: *a. Sono stanca e stressata, dormo male e ho spesso mal di stomaco. b. Ho problemi alla schiena. c. Sono stato troppo* *tempo al sole e mi sono scottato. d. Ho un terribile mal di denti! e. Ho un'allergia al polline. Ho già preso diverse medicine, ma non è servito a niente! f. Mi gira spesso la testa e mi bruciano gli occhi. Forse ho bisogno degli occhiali.*

2 In farmacia

Obiettivo: Riferire di problemi di salute, dare un consiglio o un suggerimento, chiedere chiarimenti.
Grammatica: Imperativo formale (forma affermativa e negativa); posizione dei pronomi con l'imperativo formale.
Procedimento: Procedete gradualmente. Prima di tutto fate ascoltare una volta il brano con il libro chiuso e con domande del tipo *Quante persone parlano? Dove sono le persone? Qual è la situazione?* verificatene la comprensione globale. Fate poi osservare il disegno a p. 77 e leggete/fate leggere ad alta voce i vocaboli che riguardano il corpo umano. Spiegate che le parole *il braccio, il dito, il ginocchio, l'orecchio, il labbro* hanno un plurale irregolare. A questo punto potete far ascoltare il dialogo assegnando il primo compito: mettere una crocetta sulle parti del corpo che vengono nominate. Fate controllare in coppia. Passate poi alla seconda attività. Leggete, ed eventualmente chiarite, il compito e il questionario. Procedete quindi con un altro ascolto. Fate controllare in coppia e verificate poi in plenum.
A questo punto fate seguire un altro ascolto associato alla lettura. Dopo aver analizzato il lessico passate al compito successivo. Dite che anche in questa situazione per dare dei consigli viene usato l'imperativo (ne conoscono la funzione dalla lezione precedente), ma trattandosi di una situazione formale si usa, appunto, l'imperativo formale. Fate quindi svolgere il compito: gli studenti completano la tabella con i verbi all'imperativo formale presenti nel dialogo. Dopo aver fatto controllare in coppia ed eventualmente in plenum, passate all'ultima attività. Qui i corsisti devono confrontare le forme del *Lei* dell'imperativo con quelle del presente indicativo. Invitateli a riflettere in coppia suggerendo semmai di scrivere, accanto all'imperativo, la forma corrispondente del presente, in modo da visualizzare meglio le forme. Riportate poi la discussione in plenum e completate la spiegazione servendovi del riquadro a pag. 79 in alto a destra. Fate notare la posizione dei pronomi con l'imperativo formale dei verbi riflessivi: *si rivolga.*

Soluzione del primo compito: *testa, pancia, braccia, schiena*

Soluzione del secondo compito: *mal di testa, mal di pancia, irritazione alla pelle; mangiare cose leggere, non bere alcolici, mettere una pomata, non andare al sole*

Soluzione del terzo compito: *dica, senta, guardi, faccia, venga, mangi, beva, vada, metta, si rivolga.*

Soluzione del quarto compito: *I verbi in -are hanno al presente la desinenza -a, all'imperativo -i; i verbi in -ere e -ire hanno al presente la desinenza -e, all'imperativo -a.*

3 Si riposi!

Obiettivo: Esercitare l'imperativo formale.
Procedimento: Per questa attività seguite il procedimento spiegato per la sesta unità, punto 4.

4 Per star bene anche in vacanza

Procedimento: Prima di dare inizio all'attività evidenziate il riquadro e spiegate che tutti i pronomi precedono il verbo (diretti, indiretti e riflessivi). Seguite poi il procedimento spiegato per la sesta lezione, punto 9.

Soluzione: *La mangi spesso anche Lei! Lo metta anche Lei! Le eviti anche Lei! Li porti anche Lei! Si rilassi anche Lei! Lo faccia anche Lei! Le porti anche Lei! Li eviti anche Lei!*

5 Fumi meno!

Obiettivo: Esercitare in maniera ludica l'uso dell'imperativo formale.
Procedimento: Dividete la classe in piccoli gruppi (3-4 persone) e spiegate che per ogni situazione indicata nel manuale dovranno scrivere quanti più consigli possibili all'imperativo formale. Vince la squadra che ha il maggior numero di consigli corretti. Se volete, potete prima leggere voi ad alta voce le situazioni, assegnare un paio di minuti e fare leggere poi ai vari gruppi i loro consigli situazione per situazione.

6 Faccia un po' di sport!

Obiettivo: Informarsi dello stato di salute di una persona, lamentarsi, dare un consiglio.
Grammatica: Il comparativo e il superlativo irregolare.
Procedimento: Per anticipare il tema potete chiedere ai vostri corsisti se fanno sport e che tipo di sport. Seguite quindi il procedimento presentato nella prima lezione, punto 4.
Passate poi all'analisi del lessico: evidenziate l'espressione colloquiale *Macché!* usata per negare, con un certo rammarico, una domanda posta dall'altro: *Hai finito di lavorare? Macché! Sei andato al cinema ieri? Macché!* ecc. Se non lo avete ancora fatto, evidenziate anche le espressioni *fa bene / fa male (a ...).*
Prima di passare alla spiegazione delle forme irregolari al comparativo e al superlativo fate eseguire l'attività successiva di completamento.

Soluzione: *schiena, meglio, consigliato, ottima, bene, migliore*

7 Meglio o migliore? Benissimo o ottimo?

Procedimento: Facendo degli esempi con *buono* e *bene*, assicuratevi prima di tutto che sia chiara la differenza tra aggettivo e avverbio (vedi anche ***Espresso 1***, unità 3) Mostrate poi il riquadro e dite che *buono* e *bene* hanno, al comparativo e al superlativo, delle forme irregolari. Spiegate che accanto alla forma *migliore* esiste anche *più buono.* A questo punto gli studenti svolgono il compito. Controllate in plenum.

Soluzione: *a. Per rilassarsi la cosa migliore è andare in vacanza. b. Se si hanno problemi di stomaco è meglio non bere alcolici. c. Fare yoga è un ottimo modo per rilassarsi. d. La prima volta che si va al mare è meglio stare poco al sole. e. La sauna fa benissimo / molto bene alla pelle. f. Quando si ha sete la bibita migliore è l'acqua naturale. g. Per la schiena il nuoto è un ottimo sport. h. L'omeopatia è un'ottima alternativa alla medicina tradizionale. i. Nuotare fa molto bene / benissimo alla schiena.*

8 Come combattete lo stress?

Procedimento: Gli studenti discutono in piccoli gruppi su cosa fanno per combattere lo stress. Se la discussione si dovesse esaurire in poco tempo, riportatela in plenum.

Proposta alternativa per gli insegnanti che lavorano con un pubblico molto giovane:

Potete chiedere ai vostri studenti di lavorare in coppia, o in piccoli gruppi, e di raccontarsi che cosa fanno per rilassarsi o cosa fanno quando si sentono molto stanchi. Per introdurre l'attività potete anche fare prima delle domande in plenum e scrivere le diverse proposte alla lavagna.

9 Tempo di sport

Grammatica: Imperativo plurale (*voi*). Posizione dei pronomi con l'imperativo plurale.
Procedimento: Non trattandosi di un testo narrativo farete leggere il testo singolarmente e svolgere il compito successivo: sottolineare, nel testo, le frasi che si riferiscono ai disegni.
Se volete potete far leggere il brano una seconda volta e proporre poi il seguente questionario:

7

Nel testo si dice che ...

	sì	no
a. gli italiani fanno sport tutto l'anno.	❐	❐
b. in estate le città si riempiono di gente che va in bicicletta.	❐	❐
c. bisognerebbe scegliere lo sport in base al proprio fisico.	❐	❐
d. è consigliabile una visita medica prima di cominciare a fare sport.	❐	❐
e. non fa bene mangiare prima di fare sport.	❐	❐
f. non bisogna bere mentre si fa sport.	❐	❐
g. non bisogna sottovalutare le scarpe da ginnastica.	❐	❐

Dopo aver controllato il questionario (soluzione: *a. no, b. no, c. sì, d. sì, e. no, f. no, g. sì*) potete passare all'analisi del lessico. Spiegate gli eventuali vocaboli non noti e fate poi svolgere il compito successivo: sottolineare le forme all'imperativo plurale. Come sempre, sollecitate gli studenti a riflettere da soli (in coppia) prima di dare voi la spiegazione.

Alla fine chiedete in plenum quali dei consigli indicati nel testo seguono, se ne aggiungerebbero degli altri e quali.

Soluzione del primo compito: *a. Non sottovalutate l'importanza delle scarpe da ginnastica. Compratele adatte al tipo di sport che avete scelto. b. Bevete molta acqua e non aspettate la sete, bevete sia durante l'attività fisica che dopo. c. ... le palestre di persone che fanno ginnastica ... d. ... le strade di campagna di ciclisti che pedalano. e. Prima di cominciare fate un controllo medico.*

Soluzione del secondo compito: *scegliete, fate, cominciate, fermatevi, non andate, bevete, non aspettate, bevete, evitate, non sottovalutate, compratele*
Le forme del presente indicativo (2. persona plurale) sono uguali a quelle dell'imperativo (voi). Nell'imperativo affermativo i pronomi si uniscono al verbo, nell'imperativo negativo essi precedono il verbo o sono uniti ad esso.

10 Consigli per voi

Obiettivo: Esercitare in maniera ludica l'uso dell'imperativo plurale (*voi*).
Procedimento: Dividete la classe in piccoli gruppi e accertatevi che le regole del gioco spiegate nel manuale siano chiare. Assegnate un tempo per ogni fase del gioco.

7

11 Lei fa sport?

Procedimento: Seguite il procedimento spiegato nella prima lezione, punto 6.

12 Il tempo è solo una scusa!

Procedimento: Per l'attività di comprensione auditiva seguite il procedimento presentato nella seconda lezione, punto 6.

Trascrizione del dialogo:

◆ *Senti, hai visto che hanno aperto una nuova palestra qui vicino?*
■ *Ah. Bene.*
◆ *Perché non ti iscrivi? Secondo me ti farebbe bene fare un po' di sport.*
■ *Ah ... ricominci ... lo sai che non ho tempo!*

- ◆ *Il tempo è solo una scusa!*
- ■ *Ma che scusa e scusa! Non lo vedi quanto lavoro?*
- ◆ *Sì, però il tempo di navigare in Internet ce l'hai!*
- ■ *Che c'entra? Per navigare non devo mica uscire, cambiarmi, fare la doccia ... Me ne sto seduto comodo comodo davanti al computer ...*
- ◆ *Eh, bravo! Affari tuoi poi se ti viene la pancia!*
- ■ *Esatto, sono affari miei.*
- ◆ *E va bene. Guarda, la prossima volta che mi dici che ti fa male la schiena ...*
- ■ *... e tu non ti preoccupare per la mia schiena ...*
- ◆ *Io non capisco perché non vuoi provare. Tutti i tuoi amici fanno sport.*
- ■ *Ecco, hai detto bene. Tutti fanno sport ... Oggi fare sport va di moda, tutti fissati con il corpo, i muscoli ...*
- ◆ *Ma che dici? Io ti sto dicendo di fare sport per la tua salute e non per diventare Schwarzenegger!*
- ■ *E poi io, in vita mia, non ho mai fatto sport, non vedo perché dovrei cominciare proprio adesso.*
- ◆ *Perché ultimamente hai sempre mal di schiena ...*
- ■ *Sì, lo so, ma non credo che la palestra mi aiuterebbe a risolvere i miei problemi di schiena.*
- ◆ *La palestra è solo un esempio per dire che dovresti muoverti. L'ho detto così, perché è qui vicino, per me puoi anche andare a giocare a calcio, o in piscina, se preferisci.*
- ■ *No. La piscina proprio no.*
- ◆ *E perché scusa? Il nuoto è ottimo per la schiena.*
- ■ *Non mi piace ... il cloro, la gente, poi esci e hai i capelli bagnati ... No, no ...*
- ◆ *Eh, sì, certo, i capelli bagnati sono veramente un problema!*
- ■ *E poi ... e poi lo sai che non so nuotare tanto bene ...*
- ◆ *Eh! Allora questa sarebbe una buona occasione per imparare! Dai, se vuoi ci andiamo insieme!*
- ■ *Mah, non lo so ... ci penso, va bene?*

Soluzione: *a. sì; b. no; c. sì; d. no; e. sì; f. no; g. no*

13 Dai!

Procedimento: Trattandosi di un roleplay lasciate agli studenti qualche minuto per prepararsi la parte.

E inoltre ...

1 Medicine alternative

Procedimento: Dite agli studenti di leggere il testo una prima volta e di completarlo con le cifre indicate. Fate confrontare in coppia e verificate poi in plenum. Fate leggere una seconda volta e confrontare in coppia le informazioni più importanti.
Fate svolgere il compito successivo: scegliere il titolo più appropriato. Confrontate in plenum.

Soluzione del primo compito: *nove milioni; 1999; 30.000; 5,5 milioni; tre; 70%; 13%*

Soluzione del secondo compito: *d.*

2 E voi?

Procedimento: Seguite il procedimento spiegato nella prima lezione, punto 6.

7

Facciamo il punto III

Si vedano le osservazioni sotto *Facciamo il punto I*, al termine della seconda lezione (p. 37 della presente Guida).

Il mondo del lavoro

Tema: Il mondo del lavoro.

Obiettivi: Parlare dei propri progetti, esprimere stupore, esprimere una necessità, lamentarsi, fare una proposta, fare una supposizione, scrivere un curriculum, fare delle ipotesi.

Espressioni utili / lessico: *Cosa hai / ha intenzione di fare? Penso che andrò all'estero. Credo che mi farà bene. Oggi bisogna essere flessibili. Beh, sì, lo so che non è il massimo. Comincio a lavorare per conto mio. Vorrei mettermi in proprio. Lui preferisce il posto fisso. Lui non ne ha voglia.* Lessico relativo al lavoro.

Grammatica: Il futuro semplice, *bisogna* + infinito, il pronome *ne* sostitutivo del complemento d'argomento, il periodo ipotetico della realtà (*se* + presente o futuro).

8

1 Offerte di lavoro

Obiettivo: Introdurre il tema e il lessico della lezione.
Procedimento: Gli studenti leggono gli annunci e completano la griglia a p. 89. Prima, però, accertatevi che le espressioni *Luogo di lavoro, Titolo di studio* e *Requisiti* siano chiare.
Dopo un confronto a coppie potete verificare in plenum e far poi svolgere il compito successivo. A questo punto passate alla spiegazione dei vocaboli non noti. La parola *conoscenza* seguita da una lingua straniera appare una volta con la preposizione una volta senza: *conoscenza dell'inglese, conoscenza tedesco*. Spiegate che il primo esempio è più corretto e che il secondo è tipico del linguaggio degli annunci. Dite che il femminile di *programmatore* è *programmatrice.* A questo punto potete chiedere se conoscono altre parole che indicano delle professioni che si comportano in questo modo, altrimenti fate voi degli esempi *attore → attrice, scrittore → scrittrice* ecc.

Soluzione del primo compito: *a. docente, Milano, laurea, conoscenza ambiente DOS / WINDOWS / Internet / disponibilità part-time; b. receptionist, Milano, diploma o laurea, diploma o laurea / max 30 anni / conoscenza dell'inglese; c. segretaria commerciale, Roma, –, massimo 35 anni / conoscenza tedesco / Office; d. programmatore, Bologna,*

–, 20-30 anni / buona esperienza / militare assolto; e. infermiere professionale, Firenze, –, 30-35 anni / esperienza / disponibile ai turni

Soluzione del secondo compito: *e; e; d; a*

2 Prima o poi ...

Obiettivo: Parlare dei propri progetti, esprimere un'intenzione, mostrare sorpresa, esprimere una necessità.
Grammatica: Il futuro semplice, *bisogna* + infinito.
Procedimento: Per l'ascolto seguite il procedimento spiegato nella prima lezione, punto 4.
Dopo aver verificato il questionario in plenum passate all'analisi lessicale / grammaticale. Fate cercare nel dialogo le espressioni che indicano un'intenzione o un progetto (*Cosa hai intenzione di fare? Voglio andarmene ... Penso che andrò a dare una mano a mio zio. Credo che mi farà bene. Penso che accetterò. Prima o poi la nostra azienda agrituristica la apriremo*). Spiegate che un'intenzione o un progetto possono essere espressi, in italiano, sia con il presente che con il futuro, sebbene il futuro esprima un grado di incertezza maggiore rispetto al presente. A questo punto fate ricercare le forme al futuro che compaiono nel dialogo. Per la spiegazione aiutatevi con il riquadro in basso a destra.
Come sempre, per fissare le forme potete usare il procedimento a catena o una pallina: voi direte l'infinito, lo studente A la prima persona, B la seconda e così via.

Soluzione del primo compito: *Matteo, Matteo, Matteo, Fabiano, Fabiano, Matteo e Fabiano*

Soluzione del secondo compito: *andrò, vorrai, farà, accetterò, dovrò, apriremo, saremo, avremo*

3 Progetti

Obiettivo: Esercitare il futuro semplice.
Procedimento: Assicuratevi che le frasi siano chiare e procedete poi come per l'attività 4 della seconda lezione.

Soluzione: *I genitori raccontano: si iscriverà alla facoltà di ingegneria, comprerà una macchina, vivrà con i genitori fino al matrimonio, troverà un posto fisso, resterà nella sua città, aprirà un'impresa. Damiano racconta: mi iscriverò alla facoltà di storia dell'arte, comprerò una moto, andrò a* *vivere da solo, farò diverse esperienze, mi trasferirò all'estero, aprirò un negozio d'antiquariato.*

4 Quando ...

Obiettivo: Esercitare alcuni marcatori temporali che si riferiscono al futuro.
Procedimento: Mettete prima di tutto in evidenza i marcatori temporali che accompagnano spesso il futuro (*quando, prima o poi* e *fra*) e fate poi completare liberamente le frasi. In coppia i corsisti confronteranno le loro frasi e riferiranno in plenum.

Proposta alternativa/supplementare per gli insegnanti che lavorano con un pubblico molto giovane:

Fotocopiate per i vostri scolari il seguente esercizio e fatelo compilare individualmente al futuro.

1. Dopo questa lezione (io – avere) ________ un'ora/due ore di ________________ e un'ora di ____________________.
2. Nelle prossime vacanze (io) __________________________________.
3. Alla fine dell'anno scolastico (io – andare) __________________________________.
4. Per imparare bene l'italiano (io – dovere) __________________________________.
5. Quando (io – finire) ________ gli studi, __________________________________.
6. Per decidere cosa fare da grande, (io – chiedere) ____________ consiglio a ________________.
7. Alla fine di questi studi, (io – avere) ________ un diploma di ________________.
8. Dopo le scuole superiori (io – andare all'università/cercare un lavoro) __________________________________.
9. Il lavoro che (io – cercare) ____________, (dovere) ____________ essere ____________/darmi ____________________.

8

Formate poi delle coppie o dei piccoli gruppi e fate confrontare le risposte. Ogni capogruppo riferirà i risultati in plenum: *Nelle prossime vacanze io e Claudia ..., Max invece ...*

5 Oggi bisogna ...

Obiettivo: Esercitare la forma *bisogna* + infinito.
Procedimento: Mettete in evidenza il riquadro a destra e dite che la costruzione *bisogna* + infinito è simile a *si deve* + infinito. Leggete/fate leggere le parole, chiarite gli eventuali vocaboli non noti e fate svolgere l'attività in coppia o in piccoli gruppi. Dopo un po' potete riportare l'attività in plenum e chiedere ai vari gruppi come bisogna essere e che cosa bisogna avere oggi per trovare un lavoro.

6 Egregio dottor ...

Obiettivo: Scrivere una lettera in risposta ad un annuncio di lavoro. Formule di apertura e di chiusura di una lettera formale.
Procedimento: Prima di tutto chiarite il significato delle espressioni che i corsisti dovranno inserire nella lettera. Assegnate poi un po' di tempo e fate completare la lettera. Fate controllare in coppia e verificate poi in plenum. A questo punto fate svolgere il secondo compito: capire a quale degli annunci (letti in precedenza) si riferisce la lettera di Francesca.
Passate all'analisi lessicale puntando l'attenzione sulle formule di apertura e di chiusura di una lettera formale. Spiegate che l'abbreviazione *Spett.le* sta per *Spettabile* e viene usata quando ci si rivolge a una ditta. Chiarite l'uso del verbo *frequentare* usato in italiano in riferimento ad un corso o alla scuola (i corsisti germanofoni fanno confusione con *visitare* e *frequentare* in quanto tradotti entrambi con »*besuchen*«).

Soluzione del primo compito: *all'annuncio, domanda, Ho frequentato, come guida turistica, presso, correttamente, a Sua disposizione, La ringrazio, cordiali saluti*

Soluzione del secondo compito: *la lettera si riferisce all'annuncio b.*

Proposta alternativa per gli insegnanti che lavorano con un pubblico molto giovane:

Sostituite la lettura del punto 6 con la seguente. Dopo aver fatto fare una prima lettura veloce, chiedete solo chi scrive la lettera (chi è il *mittente*), a chi (chi è il *destinatario*) e perché. Chiarite poi il significato delle espressioni che devono essere inserite. Fate ora rileggere e completare la lettera singolarmente. Dopo un controllo in coppia, verificate in plenum. Domandate poi cosa possano significare i nuovi termini *frazione, scuola a tempo pieno* (facilmente deducibile), *iscriversi, legge.*

Egregio dottor ...

Completate la lettera con le seguenti espressioni.

scuolabus – a tempo pieno – La ringrazio – a Sua disposizione – cordiali saluti – frequentare

Francesca Morandi
Località Stava, 2
38038 Stava (Tesero, TN)
Tel. 0462/814099

Spett.le
Provincia Autonoma di Trento
Comunicazioni Trasporti
Piazza Dante, 15
38100 Trento

Stava, ...

8

Egregio dottor ...,
Le invio questa lettera perché ho un problema.
Sono una studentessa di Stava, una piccola frazione di Tesero. Il prossimo anno scolastico dovrei __________________ le scuole medie di Tesero, dove però non c'è la scuola __________________. Quindi, d'accordo con i miei genitori, ho deciso di iscrivermi alle scuole medie di Cavalese. In questo caso, però, non ho diritto al trasporto, perché secondo la legge, almeno qui nella nostra provincia, uno studente deve frequentare l'istituto più vicino alla propria casa.
La strada che dovrei fare ogni giorno è lunga e soprattutto in inverno difficile da percorrere. I miei genitori hanno un albergo, durante la stagione invernale e quella estiva iniziano a lavorare molto presto e non possono accompagnarmi a scuola tutti i giorni.
Chiedo dunque alla Provincia di mettere a disposizione anche per me il servizio ______________.
Rimango __________________________ per altre informazioni.

__________________ per la gentile attenzione e Le porgo i miei più __________________ .

Francesca Morandi

Soluzione: *frequentare, a tempo pieno, scuolabus, a Sua disposizione, La ringrazio, cordiali saluti*

7 La o Le?

Obiettivo: Esercitare i pronomi *Le* e *La*.
Procedimento: Dite ai corsisti di cercare nella lettera di Francesca i verbi che accompagnano i due pronomi *Le* e *La*. Fateveli dire e scriveteli alla lavagna. Spiegate che alcuni verbi che in tedesco vogliono il dativo hanno in italiano il pronome diretto (per i tedeschi accusativo) e viceversa. Nella lettera compare solo un esempio di differenza tra l'italiano e il tedesco: *La ringrazio*. Se volete potete guardare insieme gli altri esempi facendo riferimento a p. 194-5 della grammatica sistematica.

Soluzione: *La ringrazio; Le invio, sarò lieta di fornirLe, Le porgo*

Gli insegnanti che lavorano con un pubblico molto giovane potranno far svolgere quest'attività basandola sulla lettura presentata in alternativa al punto 6. In questo caso la soluzione è: *La ringrazio; Le invio, Le porgo.*

8 Una lettera

Procedimento: Per l'attività di scrittura seguite il procedimento presentato nella prima lezione, punto 13.

Proposta alternativa per gli insegnanti che lavorano con un pubblico molto giovane:

Sostituite il punto 8 con:

Anche voi avete un problema. Scrivete una lettera al Comune della vostra città / del vostro paese o al Preside del vostro Istituto.

9 Saranno le sei!

Obiettivi: Fare delle ipotesi, lamentarsi, esprimere il proprio parere.
Grammatica: Il futuro semplice per esprimere un'ipotesi, il pronome *ne*, la frase ipotetica della realtà.
Procedimento: Per l'ascolto seguite il procedimento spiegato nella prima lezione, punto 4.
Come verifica della comprensione potete proporre il seguente esercizio (o se preferite, fare delle semplici domande).

Fate una crocetta sull'affermazione esatta.

	sì	no
a. Enrica e la sua amica lavorano solo fino all'una.	❐	❐
b. La donna teme di non fare in tempo ad andare a prendere sua figlia a scuola.	❐	❐
c. La donna decide di portarsi il lavoro a casa.	❐	❐
d. La donna è contenta di cambiare il lavoro.	❐	❐
e. La donna è architetto.	❐	❐
f. Suo marito vorrebbe mettersi in proprio.	❐	❐
g. Enrica dice che preferisce il posto fisso.	❐	❐

(**Soluzione:** a. *no, b. sì; c. no; d. sì; e. sì; f. no; g. no*)

Dopo aver controllato le risposte in plenum passate all'analisi lessicale / grammaticale. Fate cercare l'espressione usata per esprimere gioia nei confronti di un evento futuro (*Non vedo l'ora di ...*), e un sinonimo di lavoro autonomo (*lavorare per conto mio*). Nel dialogo compare anche l'espressione *mettersi in proprio* dite che equivale a *cominciare a lavorare autonomamente*.
Fate poi svolgere il compito successivo: ricercare nel dialogo le frasi che iniziano con il *se*. Fate prima riflettere i corsisti da soli sull'uso dei tempi verbali nelle tre frasi e passate poi alla spiegazione in plenum. Spiegate che si tratta della frase ipotetica del primo tipo, quella usata per esprimere un'ipotesi reale.
Con l'aiuto del riquadro in basso a destra, mettete poi in evidenza l'uso del *ne*, usato per sostituire un complemento introdotto dalla preposizione *di*.

Soluzione del primo compito: *Se non mi sbrigo, non ce la faccio ad andare a prendere Martina a scuola. Se non ce la fai, lascia stare e continua domani! Se un giorno avrò bisogno di un socio, chiamerò te!*

Soluzione del secondo compito: *Compaiono il presente, il futuro e l'imperativo.*

10 Se ...

Procedimento: I corsisti uniscono le frasi della prima colonna con quelle della seconda. Fate svolgere il compito individualmente e controllate poi in plenum.

Soluzione: *1. e; 2. g; 3. f; 4. c; 5. a; 6. d; 7. b*

11 Se imparerò bene l'italiano, ...

Procedimento: Seguite il procedimento presentato al punto 4 di questa lezione.

12 Di chi sarà?

Obiettivo: Fare una supposizione.
Procedimento: Con l'aiuto del riquadro a destra (e dello stesso titolo) spiegate che il futuro, in italiano, si usa anche per fare delle ipotesi, delle supposizioni. Fate svolgere il compito individualmente o in coppia, e controllate poi in plenum.

Soluzione: *Dove saranno? Chi sarà? Quanti anni avrà? Che cosa sarà? Di dove sarà? Di chi sarà?*

13 Qualcosa da leggere

Procedimento: Leggete/fate leggere e spiegate eventualmente i titoli. Dite poi ai corsisti che dovranno leggere diverse parti di un articolo e assegnare ad ognuna il titolo più appropriato. Fate controllare in coppia e, se necessario, verificate in plenum. Fate leggere i testi ancora una volta e fate poi svolgere il compito successivo.
Per il lavoro sul lessico potete seguire il procedimento presentato nella prima lezione, punto 8.

Soluzione del primo compito: *a. 4; b. 1; c. 3; d. 2*

Soluzione del secondo compito: *a. 2; b. 4; c. 2; d. 4; e. 1; f. 4; g. 3; h. 3*

14 Il vostro lavoro

Procedimento: Per l'attività di produzione orale seguite il procedimento presentato nella prima lezione, punto 15.

15 Interviste

Procedimento: Per l'ascolto seguite il procedimento presentato nella prima lezione, punto 14.
Dopo un paio di ascolti con relative socializzazioni fate svolgere l'attività presentata nel manuale.

Trascrizione del dialogo:

◆ *Allora, Mara, anche Lei vive all'estero ...*

■ *Sì, vivo a Barbados, nelle Indie Occidentali Britanniche.*

◆ *E da quanto tempo vive lì?*

■ *Da 9 anni anche se durante questo periodo ho trascorso quasi due anni a Roma.*

◆ *Lei è di Roma?*

■ *Sì, sono nata e cresciuta a Roma.*

◆ *E come è finita a Barbados? Perché insomma, non è proprio vicino.*

■ *Per amore ... mio marito è barbadiano, però ci siamo conosciuti in Spagna, e poi ... insomma sa come funzionano queste cose, lui aveva già un lavoro lì, io ero ancora studentessa e niente, alla fine mi sono trasferita e abbiamo cominciato a lavorare insieme.*

8

◆ *E ha avuto problemi ad ambientarsi?*

■ *Beh, all'inizio sì, anche perché passare da una grande città europea a una piccola isola. Insomma Lei capisce, la differenza è grande!*

◆ *Beh, sì, chiaro. E mi dica, di che cosa si occupa esattamente?*

■ *Mi occupo di arredamento, importo mobili dall'Italia, soprattutto cucine e camere per bambini.*

◆ *E Le piace vivere a Barbados?*

■ *Mah, sì, l'isola è stupenda, però io adoro Roma e mi manca l'Europa.*

◆ *E che progetti ha per il futuro? Pensa di ritornare in Italia un giorno?*

■ *Sì, penso proprio di sì. Quando le mie bambine saranno un po' più grandi. L'infanzia è bellissima in un'isola tropicale come questa.*

◆ *Rita invece vive nella Repubblica Ceca, a Praga.*

▼ *Sì, esatto, da 5 anni. Sono arrivata qui nel 1997. Avevo vinto una borsa di studio e poi ho deciso di rimanere, perché ho iniziato a lavorare.*

◆ *E che lavoro fa?*

▼ *Adesso sto lavorando per il centro che prepara la riforma degli esami di maturità nella Repubblica Ceca come responsabile per l'italiano. Insegno anche agli adulti che vogliono imparare l'italiano.*

◆ *E come si sente a vivere all'estero?*

▼ *Abbastanza bene. All'inizio non è semplice, ma poi ci si abitua, anche se ci sono alti e bassi. Io mi trovo bene e considero Praga anche un po' la mia città ...*

◆ *E senta, che progetti ha per il futuro?*

▼ *Penso di lasciare Praga. L'anno prossimo mi trasferirò in Germania. Quasi sicuramente a Colonia. Come vede, non lascio Praga per tornare in Italia ma per andare in un altro paese. Sarà una sfida interessante, all'inizio non sarà semplice.*

◆ *Marco, Lei da quanto tempo vive a Monaco di Baviera?*

▲ *All'incirca da una decina d'anni.*

◆ *Ah e senta, come mai ha deciso di andare a vivere all'estero?*

▲ *In realtà in Italia non ero più soddisfatto. Non ero soddisfatto del mio lavoro, di quello che stavo facendo, così ...*

◆ *E perché ha scelto proprio la Germania?*

▲ *Mah, è stato un caso fortuito, o meglio un caso sentimentale. Perché ho conosciuto una ragazza tedesca, ovviamente bionda, e questo mi ha convinto a partire.*

◆ *Certo. E mi dica, a Monaco di che cosa si occupa?*

▲ *Faccio diverse cose. Insegno alla Scuola per Interpreti, scrivo per una rivista e occasionalmente faccio delle traduzioni.*

◆ *Senta, Le piace vivere a Monaco?*

▲ *Sì, sì, molto. Monaco è una città bellissima, piena di verde, piena di musei, di teatri. D'inverno è un po' freddo e quello magari ...*

◆ *Sì. E un'ultima domanda. Pensa di ritornare in Italia un giorno?*

▲ *No, credo di no. Certo a volte ho un po' di nostalgia, nostalgia delle mie abitudini, della mia cultura, ma non credo che tornerò.*

Soluzione:

Mara, vive a Barbados, da 9 anni, si occupa di arredamento, pensa di tornare in Italia.

Rita, vive a Praga, da 5 anni, lavora per il centro che prepara la riforma degli esami di maturità nella Repubblica Ceca come responsabile per l'italiano e insegna agli adulti che vogliono imparare l'italiano, si trasferirà in Germania, a Colonia.

Marco, vive a Monaco di Baviera, da dieci anni, lavora come insegnante e occasionalmente come traduttore, scrive per una rivista italiana, pensa di restare in Germania.

16 Lavorare all'estero

Procedimento: Seguite il procedimento indicato nel manuale.

E inoltre ...

1 Curriculum Vitae

Obiettivo: Presentare un curriculum vitae.
Procedimento: Seguite le indicazioni nel manuale. Se volete potete far scrivere ai corsisti il proprio curriculum o dire loro di inventarne uno.

Soluzione:
Nome e cognome: Luca Roversi; Luogo e data di nascita: Cagliari, 28/04/1969; Stato civile: celibe; Indirizzo: via Costantino Beltrami 3/a 00158 Roma; Telefono ed e-mail: tel. 06-57 50 567, lurover@libero.it; Studi: 1988 Diploma di maturità, Liceo Scientifico "Giuseppe Di Vittorio", Cagliari; 1994 Laurea in Scienze politiche, Università "La Sapienza", Roma; Specializzazioni: 1996-1997 Corso di formazione per giornalisti presso la libera università internazionale degli studi "Luiss" di Roma; Esperienze professionali: 1995 traduzioni dall'inglese per la rivista "Internazionale", Gennaio-settembre 2000 stage presso "Il Messaggero" di Roma; Lingue straniere: Inglese (ottime conoscenze sia scritto che parlato); Pratica sistemi informatici: Buona conoscenza dei sistemi operativi: WINDOWS, EXCEL; Interessi personali: Cinema, teatro, musica jazz, sport

8

Casa dolce casa ...

Tema: La casa.

Obiettivi: Esprimere una necessità, esprimere un desiderio, fare una supposizione, esprimere la propria opinione, descrivere un appartamento, addurre argomenti a favore o contro qualcosa.

Espressioni utili / lessico: *Per me è importante che l'appartamento sia grande / luminoso / tranquillo. È fondamentale che abbia un balcone / un garage / una cantina. È necessario che ci sia una scuola vicino. Penso che / Credo che sia grande / caro / piccolo. Mi sembra che abiti al terzo piano. Sai per caso se ...? Spero che tu venga.* Lessico relativo alla casa.

Grammatica: Le forme del congiuntivo presente e il suo uso dopo verbi che esprimono un'opinione (*credere, pensare*), dopo verbi che esprimono speranza (*sperare*), dopo verbi che esprimono dubbio (*supporre*), dopo alcune espressioni impersonali (*è importante, è necessario*); l'aggettivo *bello* prima del sostantivo; uso ipotetico del gerundio; il comparativo con *che* e *di*.

1 Case annunci

Obiettivo: Introdurre il tema e il lessico della lezione.
Procedimento: Leggete il titolo e spiegate ai corsisti che devono abbinare le foto all'annuncio corrispondente. Fateli controllare in coppia, e se necessario, verificate anche in plenum. Fate svolgere il secondo compito: trovare l'annuncio appropriato per le persone descritte. Controllate e passate all'analisi del lessico. Prima di dare la traduzione delle parole non note, fate però svolgere l'attività di vocabolario proposta nel manuale.
Alla fine potete chiedere in plenum a quale annuncio risponderebbero loro e perché.

Soluzione del primo compito: *a sinistra: 3; in basso al centro: 2; in alto al centro: 4; in alto a destra: 5; in basso a destra: 1*

Soluzione del secondo compito: *a. 5; b. 4; c. 2*

Soluzione del terzo compito: *monolocale, doppi servizi, arredato, attico, casale, bifamiliare*

2 Cerco casa

Obiettivo: Esprimere una necessità, esprimere un'opinione, esprimere incertezza.
Grammatica: L'aggettivo *bello* prima del sostantivo, il congiuntivo dopo espressioni impersonali e dopo verbi che esprimono un giudizio personale, un'opinione.
Procedimento: Per l'attività di ascolto seguite il procedimento presentato nella prima lezione, punto 4. Dopo aver verificato la comprensione (primo compito) e associato la lettura all'ascolto, fate svolgere l'attività di completamento (secondo compito) in modo che i corsisti possano accorgersi da soli della presenza delle nuove forme verbali in relazione a determinate espressioni. Con l'aiuto del riquadro sottostante illustrate le forme del congiuntivo presente. Non caricate però i corsisti di troppe spiegazioni grammaticali (anche perché il congiuntivo verrà affrontato, in maniera più approfondita, nel terzo volume), ma limitatevi piuttosto agli esempi comparsi nel dialogo, quindi all'uso del congiuntivo dopo espressioni come: *Credo / Penso che ... Mi sembra che ...* e dopo alcune espressioni impersonali che esprimono necessità come: *È importante / fondamentale / necessario che ...* Per esercitare le forme potete usare, come sempre, il procedimento a catena o la pallina.
Nel dialogo compare anche un esempio con l'aggettivo *bello* prima del sostantivo. Spiegate che alcuni aggettivi ad alta frequenza (*bello, buono, grande*) possono stare anche prima del sostantivo. Per quanto riguarda l'aggettivo *bello* spiegate che, prima del sostantivo, si comporta come l'articolo determinativo: *bell'uomo, bella donna, begli occhi* ecc.

Soluzione del primo compito: *L'appartamento deve essere grande e in una zona ben collegata; deve avere il balcone, dei negozi vicini.*

Soluzione del secondo compito: *Per lei è importante / fondamentale che ci sia un po' di vita, che i negozi siano vicini, che sia una zona ben collegata, che ci sia un balcone.*
Carlo pensa che la moglie voglia avvicinarsi ai genitori. Crede che / gli sembra che sia abbastanza grande, che abbia una terrazza.

3 È importante che ...

Procedimento: Dopo aver messo in evidenza il riquadro a destra e spiegato l'uso del congiuntivo dopo le espressioni *È importante / fon-*

9

damentale / necessario che ..., i corsisti confrontano, in piccoli gruppi, le loro esigenze in fatto di casa. Prima di dare inizio all'attività potete anche leggere insieme le varie proposte e, se necessario, ampliarle, chiedendo, per esempio, che cos'altro dovrebbe esserci nelle vicinanze (in questo modo ripeteranno anche il vocabolario inerente alla città).

Proposta alternativa per coloro che lavorano con un pubblico molto giovane:

Qui di seguito trovate alcune caratteristiche che può avere una camera. Qual è la vostra camera ideale? Parlatene in piccoli gruppi.

È importante che **sia** grande.
È fondamentale che **ci sia** il computer.
È necessario che **abbia** un balcone.

luminosa	con un computer
grande	con un letto per gli amici
silenziosa	con attrezzi da palestra
isolata dal resto dell'appartamento	con un balcone
solo per me	con tanti poster alle pareti

9

Esempio: *Per me è importante che la camera sia grande / che abbia tanti poster.*

4 Penso che ...

Obiettivo: Fare delle ipotesi.
Procedimento: Mostrate il riquadro accanto all'attività e spiegate / ricordate che il congiuntivo si usa anche dopo verbi che esprimono soggettività, come *pensare* e *credere*. Fate poi leggere i nomi delle persone, chiedete di che tipo di abitazioni si tratta e spiegate poi ai corsisti che dovranno fare delle ipotesi sulle persone: dire dove vivono, perché, come vivono (se da soli o in compagnia), che cosa fanno, ecc.

5 Ti descrivo la mia casa

Obiettivo: Descrivere un appartamento.
Grammatica: Uso ipotetico del gerundio, il congiuntivo dopo il verbo *sperare*.

Procedimento: Per la lettura seguite il procedimento presentato nella prima lezione, punto 8.
Se volete, come verifica della comprensione potete proporre il seguente questionario:

Segnate con una crocetta la risposta esatta:

1. Alessandra vive a
   ❒ a. Francoforte.
   ❒ b. Amsterdam.
   ❒ c. Roma.
2. L'appartamento è
   ❒ a. su tre livelli.
   ❒ b. su un livello.
   ❒ c. su due livelli.
3. L'appartamento è
   ❒ a. al secondo piano.
   ❒ b. al pian terreno.
   ❒ c. al terzo piano.
4. La sua stanza preferita è
   ❒ a. il salone.
   ❒ b. la camera da letto.
   ❒ c. la cucina.
5. Alessandra
   ❒ a. ha dovuto comprare molti mobili nuovi.
   ❒ b. ha usato molti dei mobili che aveva.
6. L'appartamento è
   ❒ a. tranquillo.
   ❒ b. in una zona trafficata.

(Soluzione: *1. b; 2. c; 3. c; 4. b; 5. b; 6. a*)

Dopo aver chiarito i vocaboli non noti, fate svolgere l'attività successiva: individualmente i corsisti disegnano la pianta dell'appartamento di Alessandra e confrontano poi in coppia. A questo punto passate all'analisi della grammatica: mettete in evidenza il riquadro con *sperare che* + congiuntivo, ma rimandate ancora la spiegazione sul gerundio.

9

6 Bella, accogliente ...

Obiettivo: Ripetere il lessico legato alla descrizione di una casa.
Procedimento: Prima di dare inizio all'attività potete chiedere ai corsisti quali aggettivi si possono usare per descrivere un'abitazione

e scriverli eventualmente alla lavagna. Spiegate poi che dovranno, in piccoli gruppi, parlare della loro casa, dire quali aggettivi userebbero per descriverla, qual è la loro camera preferita e perché.

7 Soluzioni

Obiettivo: Esercitare l'uso ipotetico del gerundio.
Procedimento: Con l'aiuto del riquadro accanto spiegate questo particolare uso del gerundio. Leggete poi l'esempio e dopo esservi assicurati che i vocaboli siano noti, fate svolgere l'attività in coppia.

Soluzione: Le soluzioni non sono del tutto univoche. Qui di seguito compaiono le nostre proposte, ma possono essercene anche delle altre.
La casa è un po' buia. Dipingendo le pareti di bianco, diventerà più luminosa.
In salone c'è poca luce. Comprando una lampada nuova, ci sarà più luce.
Il balcone è un po' spoglio. Comprando un po' di piante, diventerà più accogliente.
L'appartamento è un po' noioso. Aggiungendo un po' di colore, diventerà più colorato.
Il salone è troppo pieno. Vendendo un po' di mobili, diventerà più vuoto.

Proposta alternativa per coloro che lavorano con un pubblico molto giovane:

Dopo aver fatto presente la funzione del gerundio, potete sostituire l'attività 7 con la seguente.

Trovate delle soluzioni ai seguenti problemi.

Esempio: *La mia camera è piccola. Ma spostando il letto, forse sembrerà più grande.*

spostare il letto / forse sembrare più grande – mettere dei poster alle pareti / sembrare più bella – ascoltare spesso il CD / tutto diventare più facile – discutere / (si) risolvere tanti problemi – studiare di più / (io) poter migliorare – sorridere di più / (io) avere di certo più amici – tenere un comportamento più corretto in classe / (io) avere il loro rispetto

La mia camera è piccola.
In matematica ho dei problemi / delle difficoltà.
La mia camera è poco accogliente.

9

Ho difficoltà a capire l'italiano.
I professori non hanno simpatia per me.
Nessuno mi parla.
I miei genitori non mi capiscono.

Soluzione: *In matematica ho un quattro. Ma studiando di più, potrò migliorare. / La mia camera è poco accogliente. Ma mettendo dei poster alle pareti, sembrerà più bella. / Ho difficoltà a capire l'italiano. Ma ascoltando spesso il CD, tutto diventerà più facile. / I professori non hanno simpatia per me. Ma tenendo un comportamento più corretto, avrò il loro rispetto. / Nessuno mi parla. Ma sorridendo di più, avrò di certo più amici. / I miei genitori non mi capiscono. Ma discutendo, si risolveranno tanti problemi.*

8 Ma sei sicura?

Obiettivo: Addurre argomenti pro o contro qualcosa.
Grammatica: *Sperare* + congiuntivo, il comparativo con *di* e *che*.
Procedimento: Per l'attività di ascolto seguite il procedimento presentato nella prima lezione, punto 4. Dopo aver verificato la comprensione, fate cercare nel dialogo l'espressione usata per fare una supposizione (*suppongo che ...*) e fate notare la presenza del congiuntivo. Fate poi cercare tutte le espressioni usate per esprimere un giudizio personale (*secondo me, per me, sono sicura che*). Scrivetele alla lavagna e chiedete ai corsisti di fare attenzione ai verbi con cui queste espressioni vengono usate. Scrivete alla lavagna degli esempi. A questo punto mettete in evidenza il riquadro in basso e spiegate la differenza tra le diverse espressioni presentate. Nel dialogo compare anche la congiunzione *che* per introdurre il secondo termine di paragone nelle proposizioni comparative (i corsisti conoscono già *di*). Spiegatene la differenza.

Soluzione: *Antonella vuole scambiare la sua casa. Perché ha paura che la casa in cui si va possa essere sporca o brutta. Le propone di prendere un appartamento in affitto.*

9 Siete d'accordo?

Procedimento: Accertatevi che i vocaboli siano noti e seguite poi le istruzioni indicate nel manuale.

Proposta alternativa per coloro che lavorano con un pubblico molto giovane:

Sostituite l'attività 9 con la seguente, dopo aver opportunamente verificato che i vocaboli siano noti e che sia chiaro lo specchietto riguardante il comparativo.

Fate una crocetta sull'affermazione con cui vi trovate d'accordo e confrontate poi in coppia.

- ❒ Studiare tutti i giorni un po' è più conveniente che studiare molte ore in un solo giorno.
- ❒ La lettura ad alta voce è più utile di quella silenziosa.
- ❒ Studiare da soli è meglio che studiare in gruppo.
- ❒ Il sabato e la domenica sono più belli degli altri giorni.
- ❒ Studiare è più utile che lavorare.
- ❒ Le vacanze sono meglio della scuola.
- ❒ Saper suonare uno strumento è più utile che saper usare il computer.
- ❒ Nella vita è più importante essere belli che simpatici.
- ❒ Il cinema è più interessante della discoteca.
- ❒ Andare a un concerto di musica pop è più divertente che andare a teatro.

10 Secondo me ...

Procedimento: Trattandosi di un roleplay lasciate agli studenti qualche minuto per prepararsi la parte.

Proposta alternativa per coloro che lavorano con un pubblico molto giovane:

Sostituite l'attività 10 con la seguente, dopo aver opportunamente verificato che i vocaboli siano noti e spiegando che l'attività andrà svolta con l'ausilio dello specchietto di p. 106.

In coppia scegliete un ruolo e fate un dialogo.

A Quest'anno hai deciso di andare in campeggio con alcuni amici. L'idea di vivere in modo tanto libero ti piace, inoltre la cosa ti sembra conveniente da un punto di vista economico.

B Un amico/Un'amica ti racconta di voler trascorrere le ferie in campeggio. A te non sembra una buona idea. Cerca di dissuaderlo/-a .

11 E voi?

Procedimento: Per questa attività seguite le istruzioni indicate nel manuale.

Proposta alternativa per coloro che lavorano con un pubblico molto giovane:

Andreste mai in campeggio? Riferite poi in plenum.

12 Come vi trovate?

Procedimento: Per la comprensione auditiva seguite il procedimento indicato nella prima lezione, punto 14.

Trascrizione del dialogo:

◆ *Allora, come vi trovate nella nuova casa?*

■ *Bene, benissimo. Certo, non è ancora in ordine, ci mancano ancora alcune cosette, però, insomma, piano piano ...*

◆ *E tua moglie è contenta?*

■ *Della casa? Sì, però non è ancora molto convinta della zona.*

◆ *Perché?*

■ *Beh, sai, lei in fondo ha sempre vissuto in periferia, in una villetta tranquilla ...*

◆ *Eh be', sì, vivere in centro, in un condominio, è un bel cambiamento, con i vicini, il problema del traffico, del parcheggio ...*

■ *Sì, però dai, vivere in centro ha anche i suoi vantaggi. Hai tutto vicino, negozi, servizi, scuole. Tu pensa che prima per andare a scuola i ragazzi ci mettevano più di un'ora, adesso invece ci arrivano a piedi, in dieci minuti.*

◆ *E già, sì, in effetti da questo punto di vista è un vantaggio, anche se ci sono dei quartieri in periferia dove trovi tutto, anche le scuole.*

■ *Sì, certo. Però pensa anche alla vita notturna. È vero che non siamo più giovanissimi, però, insomma, in centro c'è vita, se vuoi uscire la sera fai due passi e sei arrivato.*

◆ *Sì, però è anche vero che d'estate non puoi dormire con le finestre aperte!*

Io un paio di volte ho dormito a casa di amici che hanno una casa proprio in centro, e ti dico, non ho chiuso occhio per tutta la notte!

■ *Sì, certo, può essere un problema. Vedi, noi però siamo stati fortunati perché l'appartamento è all'ultimo piano, e poi le camere da letto non danno sulla strada.*

◆ *Allora va bene. E senti, con il parcheggio come fai? Immagino dovrai girare ogni volta un'ora prima di trovare un posto.*

■ *No. Cioè sì, quando prendiamo la macchina chiaramente sì, però io ora al lavoro ci vado in motorino, per cui non ho grandi problemi di parcheggio.*

◆ *Sì, però quando dovete far la spesa siete costretti ad andare in macchina.*

■ *Sì, chiaro, e in quel caso mi armo di santa pazienza e aspetto di trovare un parcheggio.*

◆ *E poi anche questi motorini in centro a me danno fastidio ... a te no?*

■ *Mah, dipende.*

◆ *E senti, i vicini li hai già conosciuti?*

■ *No. So solo che sotto di noi abita un architetto che non è mai in casa e accanto una famiglia austriaca con due bambini. Mia moglie ci ha parlato un paio di volte, le hanno fatto una buona impressione.*

◆ *Beh, meno male, guarda. Mio fratello, che abita in un condominio come te, ha avuto un sacco di problemi con i vicini.*

■ *Certo, bisogna avere fortuna. Comunque io sono del parere che i vicini possono anche essere d'aiuto, non lo so, se ti serve qualcosa, un uovo, un po' di latte, oppure se hai bisogno di qualcuno che dia un'occhiata ai bambini ... Insomma, dipende, è questione di fortuna, come sempre!*

◆ *Insomma, mi sembra di capire che la tranquillità della tua vecchia casetta non ti manca.*

■ *Per ora no. Poi può darsi che un giorno mi pentirò, non lo so. Sarà che io sono cresciuto in un quartiere popolare e quindi al caos un po' ci sono abituato.*

◆ *E il verde, l'aria più pulita? Neanche quelli ti mancano?*

■ *Beh, un po' sì, specialmente l'aria pulita. Però molto spesso il fine settimana andiamo a trovare i genitori di Marisa che abitano fuori città ...*

Soluzione: *1. a; 2. b; 3. a; 4. b; 5. c; 6. b*

13 Abitare in centro

Procedimento: Prima di dare inizio all'attività chiarite le domande. Dividete poi la classe in piccoli gruppi e lasciate che si intervistino. Dite che per ogni gruppo dovrà esserci una persona che riferirà poi i risultati del sondaggio in plenum.

E inoltre ...

1 Arrediamo una casa

Procedimento: Prima di tutto leggete/fate leggere i vocaboli. Chiedete se secondo loro mancano dei mobili e scriveteli eventualmente alla lavagna. Ripetete poi con loro le espressioni usate per localizzare qualcosa (*sopra, accanto, a destra, a sinistra, davanti, dietro* ecc.). Chiedete, sotto forma di domande del tipo *La stanza in cui si dorme, quella in cui si mangia, quella in cui si lavora* ecc., anche il nome delle diverse parti della casa. In coppia poi gli studenti decidono come arredarla.

2 E voi?

Procedimento: In coppia, o in piccoli gruppi, i corsisti discutono sui cambiamenti che apporterebbero alla loro casa. Quali mobili comprerebbero, quali no ecc.

Proposta alternativa per coloro che lavorano con un pubblico molto giovane:

Avete una bacchetta magica e potete "creare" il vostro appartamento ideale. Quali mobili cambiereste e quali invece no? Perché? Parlatene in coppia.

Al termine di questa lezione potreste affrontare il brano di p. 124 (*Così abita l'Italia*). Per le considerazioni generali sulla lettura in classe si veda quanto detto nella prima lezione, punto 8 (Cfr. p. 110, Qualcosa in più).

Incontri

Tema: I rapporti tra le persone.

Obiettivi: Chiedere scusa, raccontare, invitare a raccontare, esprimere sorpresa, confermare qualcosa, lamentarsi, esprimere la propria delusione, esprimere fastidio.

Espressioni utili / lessico: *Finalmente! Mi è successa una cosa incredibile! Cosa ti è successo? Non ci crederai ... Ma non mi dire! Sì, ti giuro! All'inizio non mi ha riconosciuto. Beh, allora, la cosa è andata così ... No, dimmi! La sai l'ultima? Sul serio? È stato un disastro! Comunque sia ... Non sopporto che si telefoni a tavola. Non sopporto quando si telefona. Mi dà fastidio che si fumi. Mi dà fastidio quando si fuma.*

Grammatica: *Stare per* + infinito; *mentre / durante*; passato prossimo dei verbi modali; *non sopporto che* + congiuntivo / *non sopporto quando* + indicativo.

1 Incontri

10

Obiettivo: Introdurre il tema della lezione.
Procedimento: Per introdurre il tema potete fotocopiare su un lucido i disegni senza testi e senza titolo e chiedere ai corsisti di osservarli, di descriverli e di dirvi che cosa li accomuna. Chiedete poi come potrebbe essere il titolo di questa attività. Non rispondete voi, ma fategli aprire il libro a p. 110 e confrontare. Spiegate poi che dovranno leggere i titoli sottostanti e abbinarli al disegno appropriato. Fate fare un controllo in coppia e passate poi alla seconda parte dell'attività. In coppia, o in piccoli gruppi, gli studenti discutono sui possibili modi per conoscere qualcuno.

Soluzione: *a. Colpo di fulmine in treno; b. Sempre più numerose le agenzie matrimoniali, luogo ideale per trovare l'anima gemella; c. Principe azzurro cercasi via web; d. Si incontrano ballando e dopo 50 anni ballano ancora; e. Lo sport aiuta i timidi*

2 Mi è successa una cosa incredibile!

Obiettivo: Raccontare, invitare a raccontare, mostrare curiosità verso chi racconta, scusarsi.

Grammatica: *Stare per* + infinito; *mentre / durante*; *finalmente, all'inizio, alla fine.*
Procedimento: Per l'attività di ascolto seguite il procedimento presentato nella prima lezione, punto 4. Se volete, dopo un paio di ascolti globali con relative socializzazioni potete porre le seguenti domande e partire con un ulteriore ascolto, questa volta più dettagliato: *1. Perché Stefano non ha potuto avvertire il suo amico del ritardo? 2. Dove ha incontrato la ragazza per la prima volta? 3. Che cosa ha attirato l'attenzione di Stefano?*
Dopo aver verificato la comprensione e associato ascolto e lettura potete passare all'analisi lessicale / grammaticale. Chiarite i vocaboli non noti e aiutandovi con il riquadro, mettete in evidenza le forme *durante* e *mentre*: spiegate che alla prima forma segue un sostantivo, alla seconda un verbo. Accertatevi anche che capiscano la differenza tra *alla fine* e *finalmente*: la prima espressione indica la fine di una sequenza di azioni, la seconda invece esprime la soddisfazione per il fatto che qualcosa si è "finalmente" concluso. Prima di passare alla spiegazione della forma *stavo per* + infinito, fate svolgere l'attività di completamento e di riflessione in modo che i corsisti possano fare le loro deduzioni prima di tutto da soli. La differenza tra *stare per* + infinito e le altre due forme (*stare* + gerundio, imperfetto) non dovrebbe creare problemi: nel primo caso l'azione non ha avuto ancora luogo, negli altri sì. Vale la pena però soffermarsi sulla differenza tra la forma con il gerundio all'imperfetto (definita anche *progressiva*) e l'imperfetto. La prima richiama infatti l'attenzione sullo svolgimento dell'azione, per metterne in evidenza la sua attualità o per contrapporla a un'altra azione che segue e che interviene in modo "inaspettato", a modificare lo svolgimento della prima. Alla forma *stavo* + gerundio segue infatti solitamente la congiunzione *quando* (o analoga), seguita a sua volta da un verbo coniugato al passato prossimo che indica un'azione il cui intervento modifica la prima. Analizziamo i due esempi: *Stavo leggendo il giornale quando hanno suonato alla porta. Mentre leggevo il giornale hanno suonato alla porta.* Da un punto di vista semantico non c'è differenza fra le due frasi. La prima frase, però, mette maggiormente in risalto l'interruzione della prima azione, il fatto di leggere il giornale.

Soluzione del primo compito: *1. stava per; 2. stava leggendo; 3. leggeva*

Soluzione del secondo compito: *la prima frase, la seconda e la terza*

3 Povera Olga!

Procedimento: In coppia i corsisti scrivono che cosa è successo a Olga. Assegnate un po' di tempo e fate poi leggere le frasi in plenum.

4 Raccontare

Obiettivo: Evidenziare le forme usate per iniziare un racconto e per mostrare curiosità verso chi racconta.
Procedimento: Spiegate ai corsisti che dovranno prima di tutto cercare nel dialogo che hanno ascoltato le forme usate per iniziare a raccontare e quelle usate dall'interlocutore per mostrare curiosità verso chi racconta. Leggete poi le forme presentate nel manuale, chiaritene eventualmente il significato e dite ai corsisti di inserirle nella tabella. Fate controllare in coppia e verificate poi in plenum.

Soluzione del primo compito:
Iniziare un racconto: *Mi è successa una cosa incredibile. Ti ricordi la ragazza ...? Non ci crederai, stamattina l'ho incontrata!*
Invitare a raccontare / mostrare curiosità verso chi racconta: *Cosa ti è successo? Sentiamo! E che è successo, racconta! L'hai incontrata? E dove? E beh, allora? Ma non mi dire!*

10

Soluzione del secondo compito:
Iniziare un racconto: *Beh, allora la cosa è andata così ... Lo sai che mi è successo l'altro giorno? La sai l'ultima? Guarda, non ti immagini cosa mi è successo!*
Invitare a raccontare / mostrare curiosità verso chi racconta: *Sul serio? E poi? No, dimmi! Incredibile!*

5 Incontri curiosi

Procedimento: Per questa attività seguite le indicazioni del manuale.

6 Un panino, una coca e ...

Procedimento: Prima di dare inizio all'attività dite che si tratta di un testo letterario tratto dal romanzo di un giovane scrittore italiano, Aldo Nove. Spiegate che quella usata da Nove è una lingua particolare, per certi versi sperimentale, caratterizzata, tra l'altro, dalla quasi totale assenza di punteggiatura. Aggiungete però che è forse interessante leggere anche testi di giovani autori italiani.

Per l'attività di lettura si rimanda a quanto già spiegato nella prima lezione, punto 8.
Dopo due/tre letture con relativi scambi di informazioni (e di coppia) potete far svolgere l'attività proposta: rileggere il testo e completare con la punteggiatura. Introducete, se non ancora note, le definizioni di *punto, virgola, punto e virgola, due punti* e spiegate che le regole di punteggiatura, in italiano, non sono così rigide come in tedesco (se volete potete nominare le più importanti). Spiegate che, per questo esercizio, non devono comunque conoscere tutte le regole di punteggiatura, bensì decidere, anche istintivamente, dove farebbero una pausa e di che tipo. Dite anche che l'attività non ha una soluzione univoca. Fate lavorare i corsisti in coppia e confrontate poi in plenum.
A questo punto fate svolgere l'attività di verifica della comprensione proposta nel manuale. Passate poi all'analisi del lessico nuovo.

Soluzione: *1. Il ragazzo sta andando in metropolitana. 2. Il ragazzo legge mentre fa la fila. 3. La ragazza della cassa gli sorride. 4. Il ragazzo ordina le patatine. 5. Il ragazzo scopre che la ragazza si chiama Gianna. 6. La ragazza torna con le patatine e gli chiede se vuole la maionese. 7. La ragazza della cassa gli propone di incontrarsi dopo il suo turno di lavoro.*

Aldo Nove è nato a Varese e vive a Milano. Ha pubblicato, per Einaudi *Stile libero, Puerto Plata Market* e *Superwoobinda.*

7 Happy end?

Procedimento: In coppia i corsisti immaginano come potrebbe continuare la storia. L'attività dovrebbe essere svolta oralmente, ciò non toglie però che i corsisti possano scriversi degli appunti. Spiegate però che non si tratta di un'attività di scrittura.

8 La vostra storia

Procedimento: Per l'attività di scrittura seguite il procedimento spiegato nella prima lezione, punto 13.

9 Lasciamo stare, che è meglio!

Obiettivo: Raccontare, lamentarsi, mostrare delusione, mostrare sorpresa verso il racconto dell'altro, parlare di ciò che non si sopporta.
Grammatica: Passato prossimo dei verbi modali, *non sopporto/mi dà fastidio che* + congiuntivo, *non sopporto/mi dà fastidio quando* + indicativo.
Procedimento: Dopo un paio di ascolti a libro chiuso, leggete le due domande proposte nel manuale e fate riascoltare. Forse la prima domanda, così com'è formulata, potrebbe risultare un po' difficile. In tal caso dite semplicemente *Perché Veronica si lamenta?* Fate controllare in coppia, e se fosse necessario verificate anche in plenum. Passate poi all'analisi lessicale/grammaticale. Fate cercare nel dialogo l'espressione usata per indicare che la persona che racconta preferisce cambiare argomento (*Lasciamo stare ...*), le forme usate dalle due donne per parlare di cose che le disturbano (*non sopporto, a me dà fastidio*) e la forma per indicare che si vuole concludere il racconto (*Beh, per farla breve*). Con l'aiuto del riquadro in basso spiegate poi il passato prossimo dei verbi modali. Se volete potete scrivere alla lavagna (oltre agli esempi presentati nel manuale) i seguenti esempi *Non ha voluto mangiare, Sono dovuta andare in ufficio,* in modo che abbiano la possibilità di trovare da soli la regola. Consigliamo di fare anche un esempio con un verbo riflessivo per mettere in evidenza che, in questo caso, si possono usare entrambi gli ausiliari: *Mi sono dovuta alzare presto. Ho dovuto alzarmi presto.* Spiegate che la posizione del pronome riflessivo cambia a seconda se si usi l'ausiliare *avere* o *essere.*

Soluzione: Diamo a titolo d'esempio le seguenti risposte: *Veronica si lamenta del fatto che l'incontro è andato male. L'uomo l'ha portata subito a mangiare, l'ha portata in pizzeria, ha telefonato tutto il tempo, ha parlato di lavoro, mangiato e bevuto tanto, non ha pagato per lei.*

10 Ho dovuto ...

Obiettivo: Esercitare il passato prossimo dei verbi modali.
Procedimento: Leggete le indicazioni e il primo esempio. Accertatevi che le frasi siano chiare e fate svolgere poi l'attività individualmente. Controllate in plenum.

Soluzione: *Carla ha tanti vestiti e così ha dovuto comprarsi un altro armadio. Stefano era ubriaco e quindi ho dovuto guidare io. Leo non aveva il portafoglio e quindi ho dovuto pagare io al ristorante. Ho avuto tantissi-*

mo da fare e quindi non sono potuto andare alla festa. I bambini erano stanchissimi e così abbiamo dovuto metterli noi a letto.

11 Non sopporto ...

Obiettivo: Parlare di ciò che dà fastidio.
Procedimento: Prima di tutto mettete in evidenza la differenza tra le due frasi: alla frase *non sopporto/mi dà fastidio che* segue il congiuntivo, alla frase *non sopporto/mi dà fastidio quando* segue invece l'indicativo. Spiegate che semanticamente non esiste alcuna differenza. Fate svolgere poi l'esercizio seguendo le istruzioni indicate nel manuale.

12 Vivere insieme

Procedimento: Per questa attività seguite le indicazioni del manuale.

13 Non sopporto quando ...!

Procedimento: Per l'attività di comprensione auditiva seguite il procedimento presentato nella prima lezione, punto 14.

10

Trascrizione del dialogo:

◆ *Tu, Nadia, vivi da sola?*
■ *No, con mia sorella.*
◆ *E come ti trovi? Andate d'accordo o preferiresti vivere da sola?*
■ *Mah, come in tutte le cose ci sono dei vantaggi e degli svantaggi. Chiaro. Io ho la fortuna di vivere con un familiare, quindi il rapporto è più diretto che con un'amica. Però, insomma, a volte preferirei vivere da sola, anche perché io e mia sorella siamo molto diverse.*
◆ *E c'è qualcosa che non sopporti, che ti dà veramente fastidio?*
■ *Sì, non sopporto quando si mette le mie cose, i miei vestiti senza dirmi niente.*
◆ *E una cosa positiva, invece?*
■ *Hmmm ... per fortuna non ce n'è soltanto una. Comunque a parte il fatto che con mia sorella posso parlare di tutto, che forse è la cosa più importante, sono contenta che sappia cucinare bene, sì, perché io invece in cucina sono un disastro.*

◆ *E tu, Luciano, sei sposato da alcuni anni, che ne pensi della convivenza?*

▼ *Mah, devo dire che andiamo abbastanza d'accordo, sono pure quindici anni che viviamo insieme! L'unica cosa che forse mi dà un po' di fastidio è che sta troppo al telefono! A volte anche per ore!*

◆ *Beh, quindi, a parte delle piccole cose, sei soddisfatto della convivenza?*

▼ *Beh, sì, direi di sì. Certo quando si vive con qualcuno bisogna fare dei compromessi, questo è chiaro, io ad esempio non fumo più in camera da letto.*

◆ *Tu Sandra, invece vivi da sola.*

▲ *Sì, esatto. Vivo da sola da quando avevo 20 anni, quindi già da tredici anni, e sinceramente non riesco proprio a immaginarmi di vivere con qualcuno.*

◆ *E non ti senti mai sola?*

▲ *Beh, sì, certo che mi sento sola qualche volta. Però diciamo che ormai mi sono abituata e poi ho molti amici, se proprio mi sento sola mi attacco al telefono.*

◆ *Sì, però non è la stessa cosa.*

▲ *Sì, chiaro, però può aiutare. E poi sono convinta che ho tanti amici proprio perché vivo da sola.*

◆ *Che vuoi dire?*

▲ *Che le coppie molto spesso si isolano. A me per esempio dà un po' fastidio quando esco con una mia amica e lei mi chiede se può venire anche il marito. Mi dico, santo Dio, per una volta potresti uscire anche da sola!*

◆ *Hmmm, Nadia, una cosa che gli altri non sopportano di te.*

■ *Mah, mia sorella mi dice sempre che sono troppo lenta, che arrivo sempre in ritardo!*

◆ *Ed è vero?*

■ *Beh, un po' sì.*

◆ *Luciano. Una cosa che tua moglie non sopporta di te.*

▼ *Mah, dovremmo chiederlo a lei! No, scherzo, sicuramente la mancanza di flessibilità.*

◆ *In che senso?*

▼ *Sì, per alcune cose sono poco flessibile, voglio mangiare sempre allo stesso orario, fare la spesa negli stessi negozi ...*

◆ *E tu, Sandra? Dicci una cosa che gli altri non sopportano di te.*

▲ *Il mio disordine! Io sono estremamente disordinata. Per fortuna abito da sola!*

Soluzione:
Nadia: vive con sua sorella, –, non sopporta quando si mette le sue cose, i suoi vestiti, gli altri non sopportano che lei sia lenta, che arrivi in ritardo.
Luciano: vive con la moglie, da quindici anni, non sopporta che la moglie telefoni tanto, gli altri non sopportano la sua mancanza di flessibilità.
Sandra: vive da sola, da 13 anni, non sopporta che le amiche portino i mariti quando escono insieme, gli altri non sopportano il suo disordine.

14 Un sondaggio

Procedimento: Per questa attività seguite le istruzioni nel manuale.

E inoltre ...

1 Eri piccola così

10

Procedimento: Prima di dare inizio all'attività potete far descrivere le immagini, in modo da introdurre il lessico di cui avranno bisogno: chiedete cosa vedono, cosa fanno le persone ecc. Dividete poi la classe in piccoli gruppi e spiegate che basandosi sui disegni, dovranno immaginare una storia, e assegnare quindi alle immagini una certa sequenza cronologica.
Scaduto il tempo assegnato (10 minuti circa) i corsisti racconteranno in plenum la loro versione della storia, motivando, dove possibile, il perché della loro scelta.
A questo punto fate ascoltare un paio di volte la canzone affinché gli studenti possano confrontare la loro versione con quella reale. Fate seguire un ascolto associato alla lettura del testo (p. 118) e fate poi svolgere l'esercizio di vocabolario proposto nel manuale.

Soluzione del primo compito: *La sequenza delle immagini è la seguente: l'uomo segue la donna, i due si baciano, i due si sposano, lui le porta la colazione a letto, lei fuma, lei abbraccia un altro, lui le dà uno schiaffo, lei gli spara.*

Soluzione del secondo compito: *Hai taciuto. Io facevo il grano col tresette. M'hai piantato. Per un tipo svaporato. T'ho scovato. S'è squagliato.*

Fred Buscaglione nasce a Torino il 23 novembre 1921. Fin da piccolo sente la musica nel sangue, così il Conservatorio Giuseppe Verdi è la prima tappa di preparazione. Ma la sua passione è il jazz. A 15 anni, per pagarsi gli studi, suona il contrabbasso in piccole formazioni locali. Per sbarcare il lunario suona anche il violino e canta come interprete di standard jazz. A 17 anni è ormai musicista richiestissimo a Torino e dintorni, ma arriva la chiamata alle armi. Nel 1943, catturato dalle truppe americane viene internato in un campo in Sardegna.
Fred non manca di iniziativa ed entra a far parte della band militare che trasmette dalla radio alleata di Cagliari. Finita la guerra torna a Torino e riprende la sua solita vita di musicista a serata. Muore in un incidente automobilistico il 3 febbraio del 1960.
Tra i suoi successi ricordiamo: *"Che bambola"* (1956), *"Teresa non sparare"* (1957), *"Eri piccola così"* (1958) e poi *"Guarda che luna"*, *"Porfirio Villarosa"*.

Al termine di questa lezione potreste affrontare il brano di p. 125 (*Vita da single? Il Web ti aiuta*). Per le considerazioni generali sulla lettura in classe si veda quanto detto nella prima lezione, punto 8 (Cfr. p. 111, Qualcosa in più).

Facciamo il punto IV

Si vedano le osservazioni sotto *Facciamo il punto I*, al termine della seconda lezione (p. 37 della presente Guida).

Qualcosa in più

Si è già accennato nella Premessa che questa appendice presenta materiale supplementare che svolgerete o meno in base alla vostra sensibilità ed esperienza e in base al gruppo che avete.

Procedimento: Si vedano le considerazioni generali a proposito della lettura in classe, fatte nella prima lezione, punto 8, e che valgono per tutte e tre le letture.

Il villaggio mi piace

Prima fate leggere la lettera chiedendo ai corsisti di confrontarsi sul contentuto in generale e poi fate rispondere alle domande.
Dopo aver verificato la comprensione in plenum, passate all'analisi lessicale e grammaticale. Mettete in evidenza l'uso della preposizione *di* prima dell'aggettivo: *qualcosa di bello, di fresco, di caldo* ecc. Se volete potete anche scrivere alla lavagna la seguente frase:
Hai qualcosa di interessante da leggere? Potrete così spiegare la differenza tra *da* e *di*.

Soluzione: *Perché si è trovata bene. Con sua figlia. Non doversi preoccupare dell'organizzazione, potersi rilassare, i bambini sono occupati.*

L'attività che segue **Villaggio turistico pro & contro** è un'attività di produzione libera orale, lasciate quindi parlare i corsisti liberamente (in coppia o in piccoli gruppi).

Così abita l'Italia

Fate leggere il brano chiedendone il contenuto generale. In un secondo tempo fate leggere le frasi del questionario e fate eseguire il compito assegnato. Dopo la verifica del questionario fate eseguire il secondo compito. Verificate e passate all'analisi lessicale.
Procedete poi alla produzione orale (discussione), come indicato nel manuale.

Soluzione del primo compito: *a. no; b. sì; c. no; d. sì; e. sì*

Soluzione del secondo e terzo compito:
Categoria dei trentenni sposati: appartamenti non molto ricchi, dove il luogo centrale è la cucina; le abitazioni dei quarantenni-cinquantenni:

prevale l'importanza del soggiorno; le case dei sessanta-settantenni: pezzi d'arredamento di valore; la camera dei ragazzi: ambienti carichi di oggetti con computer e TV; le case dei single: trionfa l'arredo libero, centrale è la camera da letto.

Vita da single? Il Web ti aiuta

Prima fate leggere il testo chiedendo ai corsisti di confrontarsi sul contenuto generale e poi fate rispondere alle domande del questionario. Verificate le risposte e passate poi all'analisi lessicale.

Soluzione: *a. no; b. sì; c. sì; d. sì; e. no; f. sì; g. sì*